Erich Esslinger

Geöffneter Himmel

Erich Esslinger
Herausgeber

Geöffneter Himmel

*Gedanken,
Grüße und Geschichten
zur Weihnachtszeit*

Mit einem Geleitwort
von Landesbischof
Dr. Ulrich Fischer

Editions Mathieu

ÜBER DEN HERAUSGEBER UND AUTOR

ERICH ESSLINGER, Jahrgang 1941,
Bessarabiendeutscher Herkunft,
Gymnasium in Alfeld/Leine (Niedersachsen)
Studium in Tübingen und Heidelberg
Verheiratet, 2 Kinder
Pfarrer und Schuldekan in Heidelberg
Schule, Erwachsenenbildung
Gefängnisseelsorge, Gemeinde,
Rundfunk

Die Deutsche Bibliothek - CIP-Einheitsaufnahme

Geöffneter Himmel : Gedanken, Grüße und Geschichten zur Weihnachtszeit / Erich Eßlinger (Hrsg.)
Mit einem Geleitwort von Ulrich Fischer.
Heidelberg : Ed. Mathieu, 1999

ISBN 3-9805815-3-5

Mühltalstraße 120
69121 Heidelberg

Umschlaggestaltung von Erich Kirchner unter Verwendung eines Bildes von Cornelia Wieske

Druck- und Bindearbeiten: Konrad Triltsch, Würzburg

Für Angelina

Inhaltsverzeichnis

Geleitwort des Landesbischofs

In einer armseligen Krippe nimmt der große Gott Quartier, mischt er sich ein in diese Welt, befreit er sie aus ihrer tödlichen Selbstbezogenheit, öffnet sich der Himmel. Die Botschaft der Weihnacht - das ist die Botschaft von der geheimnisvollen Öffnung des Himmels, die alle Jahre wieder Menschen nachdenklich werden läßt, sie in Staunen versetzt, zum Glauben ermutigt, fröhlich macht.

Und alle Jahre wieder stellt sich für alle, denen die Weitergabe dieser Weihnachtsbotschaft am Herzen liegt, die Aufgabe, wie diese Botschaft vom „Geöffneten Himmel" neu gesagt werden kann, so daß sie auch von denen verstanden wird, denen die kirchliche Tradition und Sprache fremd geworden ist. Eltern und Großeltern brauchen für ihre Kinder und Enkel ebenso neue Impulse wie Religionslehrerinnen und Religionslehrer, Pfarrerinnen und Pfarrer sowie Diakoninnen und Diakone. Kurz, allen, ob beruflich oder „privat", die auf der Suche nach Deutungshilfen für die weihnachtliche Botschaft sind, kann sich mit dem vorliegenden Buch mit seinen Ungewohntes beleuchtenden, gelegentlich auch provozierenden Texten und Bildern ein Stück vom „Geöffneten Himmel" erschließen.

Ob prosaisch oder poetisch, ob in der Weise sehr persönlicher Reflexionen, Gebete und Gedichte oder in der Gestalt spannender Geschichten, ansprechender Weihnachtsgrüße und anregender Meditationen und Weihnachtspredigten, ob humorvoll hintersinnig oder nachdenklich tiefsinnig - die Zugänge dieses Buches zur alten und immer wieder neuen Weihnachtsbotschaft sind von faszinierender Vielfalt. Eine wahre Fundgrube von Schätzen, die darauf warten, gehoben zu werden, sei es für den Gottesdienst in der Gemeinde, für den Unterricht, für die Seelsorge in der Klinik, für die Jugendarbeit und nicht zuletzt für die Familie. Ja, ich wünsche dem Buch besonders, daß es zu einem christlichen Haus- und Familienbuch für die Weihnachtszeit werden möge.

Die meisten Autorinnen und Autoren dieses Buches gehören unserer Evangelischen Landeskirche in Baden an, und so ist dieses Buch zugleich ein schönes Zeugnis der profilierten Vielfalt unserer Landeskirche und des in ihr lebendigen Glaubens. Ich danke allen, die

Beiträge zum Gelingen dieses Buches geleistet haben, besonders dem Herausgeber, und wünsche, daß durch die Lektüre dieses Buches vielen Menschen der Himmel geöffnet und Gottes Heil für diese Welt erschlossen werden möge.

Karlsruhe, im Advent 1999

DR. ULRICH FISCHER

Vorwort des Herausgebers

NOCH EIN WEIHNACHTSBUCH? Auch uns, liebe Leserin, lieber Leser, ist nicht entgangen, daß es zum Thema „Weihnachten“ Bücher wie Sand am Meer gibt. Und dennoch, „alle Jahre wieder“ ist in schöner Regelmäßigkeit auch die Frage nach neuer, freilich auch guter Weihnachtsliteratur da!

Als der junge Heidelberger Verlag „Editions Mathieu“ mit der Idee eines neuen, freilich ein „klein wenig anderen“ Advents- und Weihnachtsbuches auf mich zukam, zögerte ich anfangs noch. Doch dann dachte ich daran, wie ich selber jedes Jahr - ob für den Gottesdienst, den Unterricht oder die Familie - auf der Suche nach guten Weihnachtsgedanken bin. Der Gedanke eines neuen Weihnachtsbuches ging mir nicht mehr aus dem Kopf. Ich fragte bei Kolleginnen und Kollegen an, und siehe da, eine ganze Reihe ganz unterschiedlicher „Juwelen“ kam zum Vorschein. Einerseits haben wir nun nicht daran gedacht, ein eigenes kirchliches Kapitel großer Rhetorik aufzuschlagen, andererseits braucht sich aber auch die weihnachtliche Freude über den „Geöffneten Himmel“ sprachlich nicht zu verstecken.

Von Anfang an war uns klar, daß es kein spezielles Buch zum Thema „Weihnachten“ sein sollte, weder eine bloße Predigtsammlung noch ein didaktisch ausgerichtetes Werkbuch, sondern ein Weihnachtsbuch, das Menschen in unterschiedlichen Lebenssituationen ansprechen, ermutigen und erfreuen will. Mit seinen Gedanken und Geschichten, mit seinen Grüßen, Gebeten und Gedichten sowie seinen Predigten und Meditationen möchte es Kirchenfernen und Kirchennahen, Jungen wie Alten, Eltern wie Kindern gleichermaßen ein guter Begleiter auf der Suche nach dem „Geöffneten Himmel“ sein.

Sie werden, liebe Leserin, lieber Leser, dem Buch entnehmen, daß die Beiträge aus der Praxis kommen und ursprünglich (zumeist) nicht „Schreibe“, sondern „Rede“ waren. Wir hoffen aber, daß der zuweilen durchscheinende Redestil nicht störend, sondern belebend wirkt. Um der besseren Lesbarkeit willen haben wir die häufige Anrede „Liebe Gemeinde“ weggelassen.

Die Auswahl der Autorinnen und Autoren ist mehr oder weniger zufällig entstanden. Entweder bin ich auf einen gehörten oder gelesenen Beitrag gestoßen oder ich habe bei verschiedenen Anlässen Kolleginnen und Kollegen auf die Idee des vorliegenden Weihnachtsbuches angesprochen. Allen, die an diesem Buch mitgewirkt haben, möchte ich herzlichen Dank sagen, den Kolleginnen und Kollegen aus der Badischen Landeskirche ebenso wie aus den benachbarten evangelischen Landeskirchen sowie der katholischen Schwesterkirche. Mein besonderer Dank gilt Georges und Anna Mathieu für die vertrauensvolle Zusammenarbeit.

Ob es ein gutes Weihnachtsbuch ist, bleibt Ihnen, der geneigten Leserschaft, überlassen. Daß es ein Buch sein möge, das das „alte" Evangelium von der Menschwerdung Gottes neu erzählt; ein Buch, in dem sich etwas vom Glanz des „Geöffneten Himmels" auf unser aller Leben legen möge, ist mein Wunsch. Möge uns allen die „heilsame Gnade Gottes, die allen Menschen erschienen ist" (Titus 2,11), zuteil werden - nicht nur zur Weihnachtszeit.

Heidelberg, im Advent 1999

ERICH ESSLINGER

Erich Esslinger

Sieben Segenswünsche zum Eingang

Möge Gott mit dir sein
wie ein Sonnenstrahl,
der dir Leben verkündet.

Möge Gott mir dir sein
wie ein Feuer,
das in dir Hoffnung entzündet.

Möge Gott mit dir sein
wie ein Kind,
das dich anlacht.

Möge Gott mit dir sein
wie ein Baum,
der dich staunen macht.

Möge Gott mit dir sein
wie ein Tanz,
der dich beschwingt.

Möge Gott mit dir sein
wie ein Vogel,
der dir inmitten der Nacht schon singt.

Möge Gott einer sein,
der niemals dich losläßt,
treu zu dir steht und dich hält ganz fest.

Brigitte Arnold

Licht für Gestrandete

ans Ufer gespült
nutzlos geworden
liegengeblieben
Strandgut

aus dem Gleichgewicht geraten
den Anschluß verpaßt
herrenlos
gestrandet

wenn Licht darauf scheint
fällt es auf
das nutzlos Gewordene
sieht es schön aus
das Liegengebliebene
findet es Liebhaber
das Herrenlose

Licht für Gestrandete
Licht für eine gestrandete Welt

Der Anker haft' auf Erden,
da ist das Schiff am Land.
Das Wort tut Fleisch uns werden,
der Sohn ist uns gesandt.

an Land gegangen
nicht ans Ufer gespült
nicht gestrandet
sondern fest verankert mit der Erde
ist Gott
ist der Sohn
das fleischgewordene Wort

an Land gegangen
fest verankert mit der Erde
mehr als ein Lichtblick für Gestrandete
mehr als ein Sonnenstrahl auf Strandgut
Hoffnung und Zukunft
für eine gestrandete Welt

Erich Esslinger

Der andere Advent

Nun ist also der Advent wieder da, und damit auch Hetze und Streß, Einkaufsrummel und „leise rieselt der Schnee“ schon ab den Sommerferien. Advent - Zeit der Besinnung und der Vorbereitung auf die „Ankunft“ Jesu? Keine Spur! Ich frage die Kinder im Religionsunterricht, wie sie denn so die Adventszeit erlebten. Sie finden diese Tage und Wochen vor Weihnachten „ganz toll“. Warum? Endlich wär' mal was los in der Stadt, auf den Weihnachtsmärkten und in den Kaufhäusern, nach dem Motto: Je größer der Lärm und je heller das Licht, umso besser! Warum sollte es bei den Kindern auch anders sein als bei den Erwachsenen?

Da meldet sich nach einer Weile ein Mädchen namens Michaela, von ihrer Klasse kurz „Micha“ genannt, zu Wort: „Also, wir feiern den Advent etwas anders“, sagt sie etwas zögerlich und fügt dann geheimnisvoll etwas von einem „Dunkelabend“ hinzu. „Ein Dunkelabend?“ staunen die anderen in der Klasse nicht schlecht, „wie, ganz dunkel? Erzähl doch mal!“ Und Micha erzählt. Zuerst als hätte sie Scheu, ein Geheimnis auszuplaudern, aber dann immer selbstbewußter. Also, einmal in der Woche würde sie sich mit dem Bruder und ihrer Mutter in die Küche setzen, wo alles ganz dunkel sei. „Ja und, was macht ihr denn da?“ Micha: „Wir machen eigentlich gar nichts. Wir versuchen, die Dunkelheit auszuhalten.“ Das sei so ein Ausdruck von ihrer Mutter. „Und wie macht man das, die Dunkelheit aushalten?“ wollen die anderen wissen. Micha: „Na ja, wir sitzen ganz still da und jeder denkt sich was.“ Aus der Klasse kommt es vielfältig: „Wie, ganz still, ohne einen Mucks?“ „Anfangs mußten wir schon ziemlich üben“, meint Micha. „Und woran denkt ihr da?“ Micha: „Wir denken an so Sachen, wie es wohl den Kindern geht, die jetzt krank sind. Oder die nicht wissen, wo sie hingehören. Oder an die Oma, die alles durcheinanderbringt und sich irgendwie dafür schämt. Und manchmal überlegen wir auch, wie wir da oder dort ein bißchen helfen können.“

Aber manchmal würden sie auch nur dasitzen und gar kein Wort sagen. „Ja, aber hält man das denn aus?“ fragt Christian nochmal nach. Der Gedanke, nur still dazusitzen, ohne den üblichen Lärm zu verbreiten, kam ihm nun doch nicht ganz geheuer vor. Micha: „Stimmt. Einfach still zu sein, das ist wirklich nicht einfach. Aber wir sitzen ja auch nicht stundenlang da, sondern nur ein paar Minuten. Und dann zünden wir eine Kerze an und schauen in ihr Licht. Die Mutti sagt dann, wir sollten mal darauf achtgeben, was eine Kerze so alles kann."

„Das könnten wir doch auch mal machen", hatte Jan daraufhin gemeint. Das taten wir denn auch. Zuerst in „Reli", dann in unserer „Frühschicht", eine halbe Stunde vor Beginn der Schule. Jeden Mittwochmorgen, wenn es noch ganz dunkel ist, üben wir den Advent ein. Wir versuchen, ganz still zu sein und die Dunkelheit ein wenig auszuhalten, wie sich Michas Mutter ausgedrückt hatte. Manchmal kichert jemand, aber das macht nichts, denn es ist ja auch nicht ganz einfach, still zu werden. Aber je länger wir es üben, desto besser gelingt es uns. Und manchmal teilen wir uns dann auch unsere eigenen Dunkelheiten gegenseitig mit und bringen sie als Gebet vor Gott. Dunkelheiten bei Kindern? Ich bin immer wieder bewegt, von welchen Dunkelheiten Kinder im Alter von zehn, elf Jahren zu berichten wissen, bis auch wir dann - wie in Michas Familie - eine Kerze anzünden, um zu sehen, was sie „so alles kann".

Der andere Advent. Sein „Programm": Die Dunkelheit aushalten und sehen, was das Licht einer kleinen Kerze „so alles kann". Sich der Dunkelheit auszusetzen, in der Küche, in der Kirche oder im Klassenzimmer, im Gedanken an einen Menschen, der in Not ist, oder im Gebet für einen Menschen, dem nur noch Gott selber helfen kann - wir könnten wieder lernen, neu lernen, was wirkliches Licht ist und was wirkliche Freude ist. Wir könnten wieder begreifen, was Advent ist und was Weihnachten werden könnte. Denn wenn wir nicht wissen, was Dunkelheit ist, wenn wir es uns auch nicht eingestehen wollen, wie sollten wir da empfänglich werden für das Licht, mit dem Gott unsere Dunkelheit erhellen will?

Der andere Advent. Warum nur rührt uns das Licht einer einzigen Kerze immer wieder an? Ich glaube, weil dieses kleine Licht ein Gleichnis für unser menschliches Leben ist. So ängstlich, so hilflos, so bedroht vom Luftzug des Todes - sind wir das nicht auch, ob klein oder groß? Und zugleich ist es ein Sinnbild unserer Sehnsucht: So fröhlich, ja, heiter, wie sich das kleine Licht der Übermacht der Dunkelheit entgegenstemmt, so selbstverständlich, wie es leuchtet und wärmt, ja, so möchte ich auch sein und resigniere doch viel zu schnell. Und doch ist das Licht der kleinen Kerze mehr als nur eine Zustandsbeschreibung. Besonders in der Advents- und Weihnachtszeit weist der kleine Schein der Kerze hinüber zu dem Licht, auf dessen Ankunft wir uns im Advent vorbereiten. Zu dem Licht, das an Weihnachten als Sonne, als Weihnachtssonne über uns allen aufgehen wird.

Der andere Advent. Christus, das Licht der Welt. Ein Licht, von Anfang an bedroht vom Tod und doch stärker als alle Mächte des Todes. Ein kleines Licht flackert in der Dunkelheit auf, verzehrt sich für andere und gibt so der Welt einen hellen Schein. Und allen, die der Dunkelheit ausgesetzt sind, ob den Hirten auf den Feldern von Bethlehem oder den Straßenkindern in Mannheim, ob den Kranken auf den Intensivstationen oder den Jugendlichen, die ohne Arbeit sind - ihnen allen, uns allen, öffnet sich der Himmel, vielleicht nur einen Spaltbreit, aber weit genug, um das Dunkel unseres Lebens zu begrenzen und uns - fröhlich zu machen.

Klaus Nagorni

Offene Türen

Das Schönste an der Adventszeit war für mich als Kind der Adventskalender. In jedem Jahr wurde er am 1. Dezember in der guten Stube aufgehängt, und für jeden Tag bis zum Heiligen Abend hatte er ein Türchen, 24 an der Zahl. Mein erster Gang an jedem Morgen war der zum Adventskalender. Und ich kann gar nicht sagen, wie gespannt ich immer war auf das, was hinter dem neuen Türchen zum Vorschein kam. Das waren ja keine wertvollen Sachen. Die Adventskalender mit Schokolade wurden erst später erfunden. Nein, hinter den Türchen verbarg sich, auf Transparentpapier gemalt, ein Stern, ein kleiner Engel oder sonst eine weihnachtliche Figur. Auf alle Fälle war das immer eine Überraschung, ein Geheimnis, das es nur in dieser Jahreszeit gab und das an jedem Adventsmorgen ein kleines Stück gelüftet wurde.

Wenn man dann größer wird, erwachsener und „vernünftiger", verliert sich dieser Zauber mehr und mehr. Mit der Zeit lernen wir, die Dinge nüchterner zu sehen. Der Glanz und die Vorfreude auf Weihnachten entschwindet uns immer mehr. Eigentlich schade! Denn jeder von uns weiß ja, wie es ist, den Glanz und den Zauber einer schönen Zeit zu verlieren. Wir kennen glanzlose Tage, die sich endlos dehnen und trübe dahinschleppen. Wir haben es seit damals oft genug erfahren, daß nicht hinter jeder Tür eine fröhliche Überraschung wartet und daß manche Türen sogar für immer verschlossen bleiben. Wie deprimierend ist es, wenn hinter uns eine Tür ins Schloß fällt, die man nicht mehr öffnen kann. Wenn man eingesperrt ist oder ausgesperrt von etwas. Wenn uns die Tür zu einem Menschen verschlossen bleibt, an dem uns viel liegt.

Wie schön wäre es da, wenn man - wie als Kind - seinen Adventskalender vor sich hätte. Man könnte die Türchen öffnen und hätte die Antworten zur Hand. Und dennoch: Wer die Adventszeit heute ernst nimmt, für den ist sie nicht die Zeit wehmütiger Erinnerung, sondern gestärkter Hoffnung. Advent lebt nicht wie ein Märchen vom „Es war einmal", sondern Advent lebt von den Türen, die auch heute noch aufgehen.

Viele Adventslieder handeln von offenen Türen und weiten Toren. Eines der bekanntesten beginnt mit den Worten: *Macht hoch die Tür, die Tor macht weit, es kommt der Herr der Herrlichkeit* ... Dieses Lied spricht davon, daß die Tür, die zwischen uns und Gott ins Schloß gefallen ist, von Gott selbst wieder geöffnet wird. Gott will nicht abgeschlossen in einem fernen Himmel leben, sondern unter uns Menschen. Darum öffnet er Schloß und Riegel, um zu uns zu kommen. Die dunklen Tage sind vorbei. Aus der Adventstür fällt neuer Glanz auf unser Leben.

Ute Lurk-Neumeier

Sehnsucht

O Gott, reiß doch den Himmel auf!
Ich sehe dich nicht.
Ich spüre dich nicht.
Wo bist du, mein Gott?
Du hast dich dorthin zurückgezogen,
wo kein Seufzen und kein Sehnen dich erreichen kann!

Gott, reiß doch den Himmel auf!
Meine Seele wartet auf dich,
mehr als die Wächter auf den Morgen!
Ich warte auf dich,
daß du mich aufrichtest und tröstest
und Licht bringst in meine Dunkelheit.
Ich sehne mich nach dir, mein Retter und mein Helfer!

Gott, reiß doch den Himmel auf!
Wir sind müde vom Warten,
müde vom Suchen und Sehnen.
Warum nur verbirgst du dich?
Warum ist der Himmel verschlossen?

Einmal hast du den Himmel geöffnet,
hast du dich in unsere Welt begeben,
hast deine göttliche Gestalt verlassen
und bist ein Mensch geworden -
Kind in der Krippe,
Diener der Menschen.

Einmal hast du den Himmel geöffnet,
hast ihn verlassen,
hast unsere Sehnsucht nach Leben gestillt,
bist du uns nahe gekommen,
so nahe, wie wir uns selber nicht nahe kommen können.

Einmal, mein Gott, damals, mein Gott,
ach, öffne ihn wieder und wieder
über deiner Welt, über mir, über allen!

Laß mein Seufzen und Sehnen aufsteigen zu dir,
nimm es an als mein Lied und mein Gebet.

Und schließe auch mich auf, mein Gott,
für deine Ankunft
in deiner Welt,
in mir.

Waldemar Pisarski

Du schuldest uns noch ein Leben

Zorn. Das ist für viele Menschen ein verbotenes Gefühl. „Laß dich nicht gehen!" haben sie gelernt oder „Reiß dich zusammen!" oder „Halt den Mund!" Immer die gleiche Botschaft: Es gehört sich nicht, ungehalten oder gar zornig zu sein. So weit darf es nicht kommen! Und so haben sich viele von uns zusammengerissen und den Mund gehalten. Nur - ein Gefühl, das ich nicht ausdrücken darf, ist damit noch lange nicht erledigt. Es wird hinuntergeschluckt und wandert in unser Inneres. Dort macht es sich fest, schlägt auf den Magen, geht an die Nieren, sitzt im Nacken oder geht ans Herz. Oder es macht sich seelisch fest. Manche werden bitter, zynisch, verhärmt. „Sie saß am Fenster und nahm übel", heißt es bei Erich Kästner.

Besonders verhängnisvoll wirkt sich die Unterscheidung zwischen positiven und negativen Gefühlen aus. Die einen - das sind die guten, die zugelassenen. Mitgefühl, Zärtlichkeit, Güte. Sie dürfen sein, sie sind erwünscht und deshalb erlaubt. Die anderen sind gefährlich, zerstörerisch, z.B. Angst, Ärger, Neid und Zorn. Sie sind schlecht, unerwünscht und deshalb nicht erlaubt. Wo das geschieht, wo diese angeblich negativen Gefühle nicht zugelassen werden, da entsteht ein eigenartiges Klima. Es ist süßlich, lieblich, unwirklich.

Damit kein Mißverständnis entsteht: Ich möchte uns nicht die Adventsstimmung verderben. Diese Wochen vor Weihnachten gehören auch für mich zum Schönsten, was das Kirchenjahr für uns bereithält. Sich Zeit nehmen, Kerzen anzünden. Lieder singen, Geschichten erzählen, alte Bilder anschauen. Miteinander reden, miteinander schweigen. Besinnliche Stunden um den Adventskranz. Ich möchte sie nicht missen. Aber ich kenne auch die Gefährdung dieser Zeit. Die Versuchung zu einer oberflächlichen Harmonie, zu einem süßlichen Eiapopeia von früh bis spät. *„Süßer die Glocken nie klingen ..."*, eine Dauerberieselung, die alles zudeckt und erstickt. Advent, so ist es nicht gemeint, ganz bestimmt nicht!

Ich bin froh, daß es biblische Texte gibt, die hier kräftig gegensteuern. Heute ist es ein Wort aus dem Propheten Jesaja. Ein ungewöhnlicher, für manche Ohren sogar ungehöriger Adventstext. Drängend, ungestüm, zornig:

So schau nun herab vom Himmel, Gott, und sieh herab von deiner heiligen, herrlichen Wohnung. Wo ist nun dein Eifer, wo deine Macht! Ach daß du den Himmel zerrissest und führest herab. Daß die Berge vor dir zerflössen, wie Feuer Reisig entzündet und Wasser sieden läßt, daß doch dein Name kund würde unter den Menschen ... (Jes. 64).

Große, leidenschaftliche, zornige Worte. Was war geschehen? Endlich, nach 50jährigem Exil in Babylon sind die Kinder Israels wieder in ihre Heimat zurückgekehrt. Die Ärmel werden hochgekrempelt: Verfallene Häuser werden wieder aufgebaut, Mauern repariert, der Tempel in Jerusalem ersteht in neuem Glanz. Handel und Wandel überall. Man kann wieder aufatmen und dankbar sein. Aber das Leben will nicht recht glücken. Die Menschen sind müde und erschöpft, freudlose Gesichter, eine tiefe Resignation liegt über dem Land.

Und Gott? Hatte er nicht immer wieder durch seine Propheten sagen lassen, er werde seinem Volk nahe sein. Wasser wolle er auf durstiges Land gießen, und die auf ihn hofften, sollten neue Kraft empfangen. Mit Flügeln sollten sie auffahren wie Adler! Wenn dies einmal nicht geschah - darin waren sich bisher alle Propheten einig - dann lag das an den Menschen, es lag an ihrem Ungehorsam, sie waren schuld.

Aber diese Prophetenstimme dreht alles um, was bisher gültig war. Weil Gott fern war, gelingt das Leben nicht. Weil Gott fern ist, fehlen dem Leben Würde und Glanz. Weil Gott fern ist, kommen die Menschen nicht zurecht. Unerhört! Nicht genug damit: Nun stürmt der Prophet gegen den Himmel an. Warum ist der Himmel wie eine Wand, undurchsichtig, undurchdringlich, buchstäblich verschlossen? *Wo ist nun deine Macht, Gott?* Immer drängender, fordernder, kühner werden seine Worte, so als ob sie sich an Gott vergreifen, ihn aus seiner Verborgenheit herauszerren wollten: *Ach daß du den Himmel zerrissest und führest herab!*

Ein heiliger Zorn, wirklich. Ich kenne diese Gefühle, und ich bin froh, daß sie sein dürfen. Auch in der Adventszeit. Noch klingt in mir ein Gottesdienst anläßlich des 60. Jahrestages der Reichspogromnacht nach. Was für eine Chronologie der Verbrechen! Über 12 lange Jahre hinweg. Gesetze, Verordnungen, Verfügungen, die das Leben der Juden mehr und mehr erstickten. Und dazu ein fast vollständiges Schweigen in unserem Land. Zuschauen, wegschauen, schweigen. Auch bei den Christen! Und Gott? Hatte er nicht sein Versprechen gegeben, sein Volk zu behüten und zu bewahren: *Wer euch antastet, der tastet meinen Augapfel an*, so hatte er einst durch den Propheten Sacharja gesprochen. Heiliger Zorn: *So schau nun herab vom Himmel, Gott, und sieh herab ... Wo ist nun deine Macht?* Zorn. Ein Gefühl, das auch zum Glauben gehören darf. Ja, ein Gefühl, das unseren Glauben manchmal erst durchhält.

Und tief angerührt haben mich die Worte eines Vaters, der um seinen toten Sohn trauert. Tim ist in einem Unfall getötet worden. Worte, die sich dem Unfaßbaren anzunähern versuchen: Es sind Worte, die gegen den Himmel anstürmen: "Wann habe ich begriffen, daß du tot bist, Tim? Ich habe es nicht begreifen können, als die Polizisten frühmorgens an der Haustür standen. Und ich habe es nicht begreifen können, als ich dann an Deiner Bahre mit Deinem zerstörten Leichnam stand und Dein Tod in dieser schrecklich gekachelten Halle so still und groß erschien. In der ersten Nacht Deines Totseins hat deine Mutter eine Kerze ins Fenster gestellt und angezündet. Bis zur Beerdigung hat diese Kerze jede Nacht dort gestanden und nach draußen geleuchtet. Jede einzelne dieser Nächte, die wir redend, schweigend, weinend verbrachten... Wie oft habe ich das Außenlicht für Dich angelassen, wenn Du nachts auf Achse warst. Nun bist du tot, und wir lassen mit einer letzten, hilflosen Geste die Kerze leuchten, damit deine Seele nach Hause findet...

Und wo warst Du, Gott? Wo war Deine bewahrende Hand? Warum hast du zugelassen, daß dieses Kind stirbt? Du warst nicht da, als Tim Dich gebraucht hätte. Du warst nicht da! Nie bist Du da, wenn Menschen Dich brauchen!"

Wie nah sich diese Stimmen sind. Die von Tims Vater und dem Propheten: *Wo ist nun deine Macht, Gott?* Es gibt wohl Zeiten, in denen ein Mensch nur so, mit der Stimme des Zorns, an Gott festhalten kann. Advent, ein Plädoyer für den Zorn. Dieses klare Gefühl, in dem sich einer nach dem Leben ausstreckt, mit dieser kämpferischen Energie, die gar nichts mit Selbstmitleid und Wehleidigkeit zu tun hat. Da ist nichts Geducktes, nichts Unterwürfiges, nichts Kleinlautes.

Ich bin zornig, das heißt doch: Ich weigere mich, alles so hinzunehmen, wie es ist, ich weigere mich zu resignieren. Ich bin zornig, das heißt doch: Ich erinnere Gott an das, was er mir versprochen hat und was noch auf Erfüllung wartet. Ich bin zornig, und das heißt: Ich will die Verheißungen nicht vergessen, die uns gegeben sind, die großen Hoffnungsbilder der Weihnachtszeit:

Daß *das Volk, das im Finstern wandelt, ein großes Licht sieht* - ich lasse diese Verheißung nicht los, Gott. Daß *jeder Stiefel, der mit Gedröhn dahergeht, und jeder Mantel, an dem Blut klebt, verbrannt und vom Feuer verzehrt wird* - ich lasse diese Verheißung nicht los, Gott. Daß *die Wölfe bei den Lämmern wohnen und die Panther bei den Böken, daß Kühe und Bären zusammen weiden und ihre Jungen miteinander spielen werden* - ich lasse auch diese Verheißung nicht los, Gott. Daß deine Freundlichkeit und Menschenliebe in einem Kind erschienen sind und daß in diesem Kind Leben beschlossen liegt. Leben für alle. Unzerstörbares, ewiges Leben - ich lasse nicht davon los, Gott.

"Ich kann meine Träume nicht entlassen", sagt der unvergessene brasilianische Erzbischof Dom Helder Camara, "Gott schuldet ihnen noch ein Leben". Die Träume der Bibel. Gott schuldet ihnen noch ein Leben. Die Bilder vom Hochzeitsmahl, von der glücklichen Ernte, vom Ende der Gefangenschaft, vom Versiegen der Tränen - mit weniger will ich mich nicht bescheiden. Advent. Du schuldest uns noch ein Leben, Gott.

Hans-Ulrich Carl

Du Licht

Du Licht
auf die Erde gefallen
angetan mit unseren Mänteln
bekleidet mit unserer Haut

Seltsame Kleider
angezogen unseren Leibern
deine unansehnliche Gestalt
das kannst du nicht sein
deine fremde Sprache
das kannst du nicht sein
deine unangenehme Art
das kannst du nicht sein
denken wir und weichen dir aus

Laß dein Angesicht leuchten über uns

Wir werden die Hand öffnen
die Haut streicheln
die Augen aufmachen
gute Worte schenken

So viele Möglichkeiten
leuchte uns
heim
daß wir dich finden
und selber ein Licht werden
Amen

Hans Bornkamm

Das Gespräch im Zug

Im Intercity Frankfurt-Basel hatte sich unter den Reisenden ein Gespräch über Weihnachten entzündet. Als der Zug in Mannheim einfährt, sagt der junge Mann: „Schauen Sie mal, selbst auf dem Bahnsteig ein Weihnachtsbaum! Aber die Nadeln fallen schon ab, bevor das Fest begonnen hat, irgendwie typisch für Weihnachten." Die Dame ihm gegenüber nimmt den Gesprächsfaden auf: „Mit Weihnachten stimmt es irgendwie nicht mehr. Aber eigentlich hat's mit Weihnachten noch nie richtig gestimmt, ich meine, was den Frieden auf Erden betrifft. Und heute schon gar nicht. Und trotzdem, Weihnachten, das sind wir unserer christlichen Tradition schuldig."

„Christliche Tradition?" entgegnet der junge Mann mit einem leicht spöttischen Unterton, „damit kann ich überhaupt nichts anfangen, das ist doch alles ziemlich hohl." Die Dame entgegnet: „Aber bei Weihnachten geht es doch um eine besondere Tradition, die wir nicht aufgeben sollten. Auch wenn man die Mehrheit unseres Volkes ja wohl nicht mehr christlich nennen kann, wenigstens nicht im ursprünglichen Sinn." „Genau aus diesem Grund bin ich auch aus der Kirche ausgetreten", meint der junge Mann, „diese alten Geschichten, damit kann ich nichts mehr anfangen." Der Herr in der Ecke, der bis dahin nur zugehört hatte, räuspert sich: „Ich höre direkt meinen eigenen Sohn reden. Aber, junger Mann, was ist, wenn Weihnachten doch mehr wäre als nur eine alte Tradition. Wenn das, was damit ursprünglich gemeint ist, doch wahr wäre?"

„Engelzauber und Stallromantik, ich bitte Sie, und das im Zeitalter von Computer und Raumfahrt", der junge Mann wird jetzt heftig. „Das will doch auch niemand", entgegnet die Dame, „aber warum wollen Sie denn das den Leuten wegnehmen? Ein bißchen Barmherzigkeit kann unserer Kultur doch nicht schaden, im Gegenteil. Meine Mutter hat immer gesagt: Wenn's Weihnachten nicht gäbe, müßte man es direkt erfinden!"

„Und wie kam die Jungfrau zum Kind?" fragt der junge Mann. Der Ältere überhört den spöttischen Unterton: „Das ist doch auch gar nicht die Hauptsache. Sehen Sie, es gibt so viel Dunkles in der Welt, so viel Lieblosigkeit, so viel Unfrieden. Ich meine das nicht nur ganz allgemein, sondern jeder muß doch damit auf seine Weise fertig werden. Und wer könnte schon von sich sagen, daß es ihm gelingt!" "Weihnachten als Lebensbewältigung? Da müßte es doch bessere Therapien geben, meinen Sie nicht? Im Gegenteil, manchmal denke ich, Weihnachten verschlimmert alles noch. Weil die Menschen zu viel von diesem Fest erwarten, überfordern sie sich gegenseitig. Durch Weihnachten, behaupte ich mal, werden die Probleme nicht kleiner, sondern größer!" Der junge Mann hatte sich richtig in Rage geredet. „Das mag ja alles sein", wirft die Dame ein, „aber es kommt doch immer darauf an, was Sie aus einer alten Tradition machen. Einfach alles wegwerfen, das ist doch auch keine Lösung!" Der junge Mann setzt noch eins drauf: „Lieber eine alte Tradition sterben lassen, als sie mühsam am Leben erhalten!"

Der Zug fährt soeben durch Bruchsal. Für einen Augenblick ist das Schloß zu sehen. Ein leuchtender Weihnachtsbaum steht davor. „Ich verstehe Sie nicht", wendet sich der Jüngere wieder an den Älteren, „ich geb' Ihnen da ja recht, was Sie über die Dunkelheiten gesagt haben, und daß jeder auf seine Weise damit klar kommen muß, aber wie Sie sich da auf etwas so Unbestimmtes einlassen wollen, das ist mir schleierhaft, und dann noch diese alten Geschichten der Bibel!" „Nein, nein", entgegnet der ältere Herr, „auf etwas Unbestimmtes sollte sich auch niemand einlassen, aber ich möchte es für mich mal so sagen: Weihnachten heißt für mich, daß Gott da ist, nicht mehr, aber auch nicht weniger." -„Und worauf stützen Sie Ihren Glauben", meint der junge Mann, „Sie machen doch auch sonst nicht den Eindruck, als ob Sie von Luft und Liebe lebten!" Eine Weile ist Stille, dann sagt der ältere Herr: „Weihnachten ist für mich eine Zusage, und die versuche ich ernstzunehmen." Es klingt fast fromm, wie er das sagt, aber irgendwie überzeugend.

Das Gespräch verstummt. Alle im Abteil scheinen ihren Gedanken nachzuhängen. Draußen wird es immer dunkler. In die Stille hinein sagt der junge Mann: „Sagen Sie, wenn Sie so von Ihrem Glauben reden, haben Sie denn nie Angst?" „O doch", kommt es nach einer Weile aus der Ecke, „große Angst sogar, aber ich glaube einfach, daß Gott größer ist als meine Angst, und dann fühle ich mich geborgen, so geborgen, wie ich mich als Kind in den Armen meiner Mutter geborgen fühlte, ich kann's nicht anders sagen, geborgen, getragen, aufgehoben." Der junge Mann wird ärgerlich: „Aber das kann auch Einbildung sein. In der Not klammert man sich eben an Einbildungen, und ich will mich nicht an einem Strohhalm festklammern, nur weil ich mal in Not bin." Der Ältere: „Ich möchte das auch nicht, aber in gewissen Lebenssituationen verfliegen einem alle Einbildungen, da zählt nur noch, was Halt gibt oder nicht."

„Ich will Ihnen ja Ihr Glaubensbekenntnis nicht wegnehmen", der junge Mann schaut den Älteren, der sein Vater sein könnte, ganz ernst an, „aber was hat denn das alles mit der Jungfrauengeburt und den Engeln zu tun?" „Ach", sagt dieser, während er nach seinem Mantel greift, „ob Sie es so sagen oder anders, das ist doch nicht so wichtig. Wichtig ist doch nur das eine: Gott kommt zu uns, und wir sind nicht mehr allein. Ach, du liebe Zeit, wir sind ja schon in Karlsruhe! Also, ich wünsche Ihnen allen ein frohes Weihnachtsfest!" - „Danke, wir Ihnen auch", entgegnen alle, es klingt fast wie im Chor. Der ältere Herr nimmt sein Köfferchen, öffnet die Schiebetür und tritt hinaus. „Danke für das gute Gespräch", ruft ihm der junge Mann noch nach. Der Ältere geht noch einmal zwei Schritte zurück: „Und ich danke Ihnen."

Als er zur Zugtür geht, denkt er: Ob ohne Weihnachten das Gespräch auch so gut gewesen wäre?

Traugott Schächtele

Weihnachtswünsche

Wie jedes Jahr um diese Zeit
ist es schon wieder fast soweit.
Die Weihnacht naht in schnellem Lauf.
Tagtäglich geht ein Türchen auf
zu Hause im Adventskalender.
Im Keller wird der Christbaumständer
von Spinnenweben frei gemacht,
das Haus auf Hochglanz noch gebracht.
Nichts, scheint es, wünscht man sich so sehr
als daß es endlich Weihnacht wär'.

Der Wunschzettel ist längst geschrieben,
und was an Wünschen noch geblieben,
wird mündlich schnell noch nachgetragen:
den Fuchs in Muttis Mantelkragen,
die neue Software für Herrn Vater,
schon abgesetzt beim Steuerberater.
Die Kinder wünschen sich für's Zimmer
- bescheiden war'n sie ja schon immer -
nur eine Multimedia-Anlage
mit Fernseh, Video, ohn' Frage
mit Zugang auch zum Internet,
weil das ein jeder heute hätt'.
Nichts, scheint es, wünscht man sich so sehr
als Weihnachtsplunder - immer mehr!

Was gibt es alles noch zu tun,
bevor wir endlich etwas ruhn.
Der Vorstand muß erst noch mal tagen,
dem Chef muß endlich ich noch sagen,
was ich mir längst schon vorgenommen.
Die Tante wollte auch noch kommen.
Die Rechnung, die längst angemahnt,
- genug wurd' da schon abgesahnt -

muß möglichst bald beglichen werden,
damit es Frieden wird auf Erden.
Nichts, scheint es, wünscht man sich so sehr,
als daß die Weihnacht stressig wär'.

Ganz anderes blieb zu wünschen doch,
vielleicht denkt ihr auch daran noch:
An Menschen, gleich, ob nah, ob weit,
gilt für sie nicht die Weihnachtszeit?
An Menschen, denen gute Worte,
viel besser tun als Linzertorte.
An Menschen, die nach Arbeit suchen,
wenn wir den nächsten Urlaub buchen.
An Menschen, denen Flucht und Not
viel bitt'rer schmeckt als Früchtebrot.
An die, die leis' im Schatten wohnen
grad, wenn die Weihnachtskerzen scheinen.

Wie jedes Jahr um diese Zeit
ist es schon wieder fast soweit.
Die Weihnacht naht in schnellem Lauf,
machen wir Haus und Herzen auf!
Ich wünsch', daß wir den Weg zum Stall
noch finden in dem Trubel all.
Nichts, mein' ich, fehlt uns heut' so sehr,
als daß bald wirklich Weihnacht wär'.

Rolf Steinhilper

Der kleine Zugvogel

Bald, in wenigen Tagen, feiern wir Weihnachten. Auf dem kleinen Zettel steht, was noch alles zu tun ist. Wie eingekeilt kommt man sich vor zwischen Streß und der Sehnsucht, das Fest zu erreichen. Und gut anzukommen. Die Advents- und Weihnachtslieder halten uns an, eine andere Seite in uns zu eröffnen. Sie kommt am besten in der Musik zu Wort. Deshalb soll uns heute ein Lied in den Tag begleiten:

Wach, Nachtigall, wach auf,
wach auf, du schönes Vögelein,
auf jenem grünen Zweigelein,
wach hurtig ohn' Verschnauf, dem Kindelein
auserkoren, heut geboren, halb erfroren,
sing, sing, sing
dem lieben Jesulein.

Ungewöhnlich, der kleine Zugvogel, der nur im Sommer bei uns lebt, setzt sich in einem Weihnachtslied fest. Wenn es einen Vogel gibt, der durch seinen Gesang aus allen anderen hervortritt, dann ist es die Nachtigall. Ich weiß nicht, ob Sie ihr bewegtes Lied im Ohr haben? Ich erinnere mich noch gut an das enge Tal mit Erlen und Haselsträuchern. Es war schon Nacht. Lange mußten wir uns ganz ruhig verhalten. Und dann aus der nächtlichen Stille heraus fing sie an. Zuerst ihr tiefes „tschuk, tschuk, tschuk". Von da an schwang sie sich in immer neuen Bögen in die Höhe zu ihrem „dü, dü, dü". Dort hielt sie sich eine Weile auf und verstummte. Es wurde wieder still. Nach einer Pause fing sie von neuem an. In immer neuen Variationen gestaltete sie die Melodie.

Die Nachtigall ist in vielen Kulturen zu Hause. Sie galt als gutes Vorzeichen. Im alten China oder in Persien war sie das Symbol der Liebe und des Leides. Den an Schmerzen Leidenden soll sie Linderung bringen und den Liebenden Glück. Bei uns ist sie die Bringerin der Musik, eines wahren Gottesgeschenkes. Die Nachtigall in uns selbst wieder zum Erwachen zu bringen, das läßt uns einstimmen, zustimmen. Ein leises Lied aufsteigen lassen aus der Tiefe der Erinnerung und des Gemüts! Oft scheitert es daran, daß wir sagen: Ich kann doch nicht singen. Oder, das ist nur für Kinder. Oder die Zeit ist nicht zum Singen. Doch, wer der leichten, in die Höhe führenden Melodie vertraut, der kann sich lösen, auch von sich selber, und von dem, was ihn belastet. Neben den starken, lauten Tönen gibt es diese feine Stimme des Musizierens, das immer neue Farbtöne hervorbringt. Eine kleine Koloratur-Arie. Am Ende des Liedes steht die Aufforderung, unter allem, was sonst noch Bedeutung hat, dem menschgewordenen Gottessohn die Ehre zu geben:

Sing, Nachtigall, ohn End,
zu vielen hunderttausend Mal
das Kindlein lobe ohne Zahl,
ihm deine Liebe send!
Dem Heiland mein Ehr' erweise,
lob' und preise, laut und leise,
sing, sing, dem Christuskindelein.

Klaus Nagorni

Der Himmel, der die Erde berührt

... Dass Berg und Tal grün alles wird, diese Zeile aus dem Gesangbuch nimmt Bibelverse aus dem Propheten Jesaja auf: *In der Wüste bereitet dem HERRN den Weg, macht in der Steppe eine ebene Bahn. Alle Täler sollen erhöht, und alle Berge und Hügel sollen erniedrigt werden, was uneben ist, soll gerade, und was hügelig ist, soll eben werden; denn die Herrlichkeit des HERRN soll offenbart werden, und alles Fleisch wird es miteinander sehen; denn des HERRN Mund hat's geredet. Es spricht eine Stimme. Predige! Und ich sprach: Was soll ich predigen? Alles Fleisch ist wie Gras, und alle seine Güte ist wie eine Blume auf dem Felde... Das Gras verdorrt, die Blume verwelkt, aber das Wort unseres Gottes bleibt ewiglich (Jes. 40, 1-8).*

Das Volk Israel befindet sich im babylonischen Exil. So weit dieser Text auch von uns entfernt ist - zweieinhalbtausend Jahre weit - so gut möglich ist es doch, daß wir unsere eigenen Erfahrungen in ihm gespiegelt finden. Leben im Exil - das ist von seinen Wurzeln getrenntes Leben, gewaltsam verpflanzt auf fremden Boden. Da fehlt der vertraute Grund unter den Füßen. Die Wärme des Heimatlichen. Nur die Sehnsucht im Herzen deutet darauf, daß es noch etwas anderes geben muß. Ein anderes Land, von dem man nicht weiß, ob man es jemals erreicht... Vielen Menschen sind solche Exilerfahrungen gar nicht so fremd. Wo bin ich eigentlich zu Hause? In welchem Stück Erde kann ich Wurzeln schlagen? Gibt es einen Ort, von dem ich sagen kann: Hier gehöre ich hin? Babylonisches Exil, das ist ein sprichwörtlich gewordenes Bild für die Erfahrung von Fremde und Heimatlosigkeit, für das Volk Israel war das vierzig bittere Jahre lang Realität.

An den Wassern Babylons saßen wir und weinten, wenn wir an Zion dachten, so singen die veschleppten Juden in einem Psalm, *unsere Harfen hängten wir an die Weiden dort im Lande.* Klagegesänge, die über den Euphrat schweben und ungehört in der Weite Babylons verhallen. Lieder, wehmütig und voller Sehnsucht nach einem Ort, der längst verloren ist. Ich muß an den russischen Sänger in der Karlsruher Fußgängerzone denken. Wie er da steht im abendlichen Berufsverkehr und singt - wie um sein Leben. Lieder der russischen Heimat, Lieder aus einer anderen Welt, die die illuminierte Welt der Supermärkte einen Moment lang überglänzt. Und ich stelle mir vor: So ähnlich mag das damals dem Volk der Juden ergangen sein. Jerusalem, ihre geliebte Hauptstadt, ist geplündert, der Tempel abgebrannt, alles ist zerstört. Es liegen zwischen ihnen nicht nur 1800 km, sondern vor allem Wüste, nur Wüste, grenzenlose Wüste.

Und dennoch hat später ein Rabbi über diese Zeit gesagt, das Schreckliche des Exils bestand nicht in erster Linie in der Trennung von der Heimat, im Gefühl der Verlassenheit und Entwurzelung, nicht im drohenden Verlust der Muttersprache und der vertrauten Lieder - das wirklich Schreckliche, so dieser Rabbi, war die Tatsache, daß wir uns daran gewöhnt hatten. Erst dort, liebe Gemeinde, wird die Fremde lebensgefährlich, wo sie zur einzigen Realität wird. Wo Menschen nichts anderes mehr kennen als das Exil. Wo die Sehnsucht ihre Richtung und ihr Ziel aus den Augen verloren hat.

Gott sei Dank gibt es immer wieder Menschen, die einen Überschuß an Lebendigkeit, an Wärme, an Leuchtkraft haben, um auch noch denen den Weg zu zeigen, die der Macht der Gewohnheit bereits erlegen sind. So einer muß der Prophet Jesaja gewesen sein. Dabei scheint es zunächst so, als wisse auch er nicht mehr als wir. *Was soll ich predigen?* fragt er. Daß *das Gras verdorrt, die Blume verwelkt* und daß auch der Mensch dahingeht wie Blume und Gras? Allerdings, wenn es nur dieser Einsicht bedurft hätte, wir bräuchten keine Propheten. Das wissen wir von allein, das lehrt uns unser gesunder Menschenverstand!

Nein, es ist dieses Mehr an Glauben, Mehr an Hoffen, Mehr an Liebe auch, das den Propheten eine andere, reichere Wirklichkeit ausrufen läßt als die des Exils. Er steht dafür gerade, daß es in dieser Welt mehr gibt als die skeptische Einsicht in die Vergänglichkeit allen Lebens. Mehr als die Trostlosigkeit, mehr als die Resignation. Dieses Mehr, dieser Überschuß an Glaube, Liebe, Hoffnung trifft den Propheten Jesaja als Stimme aus einer anderen Welt. Diese Stimme opponiert dagegen, in der Wüste nur Wüste zu sehen. So als sei die Wüste nur Hindernis zwischen Heimat und Exil, nur Ort der Lebensfeindschaft und des Todes. Als könne sich nicht auch die Wüste wandeln und zum Blühen kommen. Diese Stimme widerspricht der Macht der Gewohnheit, die uns einreden will, das Exil sei endgültig, es gebe keinen Weg durch die Wüste.

Diesen Weg verkündet Jesaja. Er weiß: Die Wüste kommt zum Blühen, wenn wir uns aufmachen, um dem entgegenzugehen, der uns entgegenkommt. Es ist ein merkwürdiges Wechselspiel zwischen unserem Gehen und dem Kommen Gottes. Wo wir uns lähmen lassen von der grauen Macht des Exils, kommt nichts in Gang! Doch wo wir uns verlocken lassen zum Aufbruch, wo wir dem Wort glauben schenken, das Jesaja im Auftrag Gottes sagt, da kommt uns Gott entgegen.

Für alle, die in der Fremde verstreut sind, sind seine Worte wie ein neuer Klang in ihrem Leben. Auf einmal füllen sich tote Räume mit Wärme, eine starre Lebenslandschaft wird in Schwingung versetzt. Das Leben kommt zum Leuchten durch das prophetische Wort. Denn es erscheint in ihm eine andere Wirklichkeit als die, die wir Realität nennen. 'Die Realität', las ich neulich, 'ist der Himmel der Phantasielosen.' Bei Jesaja ist von einem anderen Himmel die Rede. Es ist der Himmel, der die Erde berührt, so daß sie aufspringt und die in ihr schlummernden Kräfte freisetzt. Die Wüste verwandelt sich. Sie wird zu einem Ort neuer Begegnung. Wege werden sichtbar, wo vorher nur Hindernisse waren. Die verkrustete Erde springt auf und bringt Frucht hervor. Gott kommt nieder in unsere Lebenswüste. Es braucht nicht viel dazu: Ein Stall genügt, damit der Heiland zur Welt kommen kann.

Da wird erhöht, was vorher niedrig war, und eben, was vorher hoch war. Jetzt gelten die Maßstäbe, die bei Gott gültig sind. Die Entwurzelten und Erniedrigten erreicht die gute Nachricht: *Tröstet, tröstet mein Volk! Redet mit Jerusalem freundlich...* Die Zeit des Exils geht zu Ende. Etwas Neues ist angesagt, in das die ganze Natur einbezogen ist. So tröstet Jesaja sein Volk. Es ist ein Trost, der nicht von dieser Welt ist. Aber der Trost, der diese Welt heller macht. Es ist der Trost, daß nichts so bleiben muß, wie es ist, weil Gott kommt und alles verwandelt. Wie eine Leuchtspur zieht dieser Trost seit Jesajas Zeiten über den nächtlichen Himmel unseres Lebens. Wie ein Stern, der über uns bleibt und uns den Weg zeigt zum Stall Bethlehem. Amen

Hans-Peter Held

Einen Apfel für den König

Es war einmal ein König. Der bekam jeden Morgen bei der Audienz von einem Unbekannten einen Apfel überreicht. Einen Apfel für einen König - was ist das schon, dachte er und gab ihn achtlos an seinen Zeremonienmeister weiter. Und der seinerseits ließ ihn in eine abgelegene Kammer werfen.

So ging das längere Zeit, Morgen für Morgen. Eines Tages jedoch riß sich der Affe der Königin von seiner Kette los, ergriff den Apfel und biß hinein. Zum Erstaunen des königlichen Hofes fiel aus dem Apfel ein wunderschöner Edelstein heraus. Sofort ließ der König nach dem Verbleib der bisherigen Äpfel forschen und fand tatsächlich in der abgelegenen Kammer unter den inzwischen ganz verfaulten Äpfeln einen Berg wertvoller Edelsteine, so viele, wie es Tage im Jahr gibt.

Ich erzähle Ihnen dieses aus Indien stammende Märchen aus zwei Gründen. Zunächst möchte ich Ihnen damit ganz unmittelbar Mut machen zu diesem Tag. Lassen Sie den König in sich nicht achtlos an diesem Geschenk vorübergehen, nach dem Motto „Ein Tag im November, was ist das schon!" Lassen Sie, im Bild des Märchens gesprochen, diesen Tag nicht einfach vor sich hinfaulen. Beißen Sie hinein, entdecken Sie den wertvollen Kern darin.

Sie fragen, was das sein könnte? Was ist unvergänglich mitten in der Vergänglichkeit unserer Tage? Es könnte sehr Verschiedenes sein. Max Frisch z.B. meint, es seien die kurzen Augenblicke des Glücks, die wir erleben. Glück nämlich ist, wenn du jäh begreifst: Diesen Augenblick wirst du nie mehr vergessen! Ich habe die Erfahrung gemacht, daß er recht hat. Und nicht nur in sogenannten Sternstunden, sondern oft gerade in den kleinen Augenblicken, die uns zunächst unbedeutend erscheinen, für die wir aber im nachhinein um so dankbarer sind. Jeder Tag enthält solche kostbaren Kerne, wenn wir nur Augen dafür haben. Auch dafür, daß nicht ein ferner Tag, im Urlaub oder sonst irgendwann, für solche Glücksentdeckungen gut ist, sondern dieser Tag heute.

Daß wir alle diese neu und anders sehenden Augen des Königs bekommen, ist mir nun auch wichtig im Blick auf die vor uns liegende vorweihnachtliche Zeit. Viele sprechen es in diesen Tagen offen aus: „Wenn doch nur schon alles vorbei wäre!" Ich möchte so nicht mitseufzen in diesem Jahr, sondern statt dessen lernen zu unterscheiden zwischen dem Unwichtigen und dem Wichtigen, zwischen dem, was vergänglich ist, und dem, was bleibt, weil es kostbar ist. Darum rede ich heute schon von Weihnachten und darum erzähle ich schon in den Tagen vor dem 1. Advent Weihnachtsgeschichten. Damit wir Zeit haben, es so zu machen, wie der Affe der Königin: Er ist nämlich der einzige, der sich nicht ans allgemeine Zeremoniell hält, der sich losreißt und durch seine Neugier und spontane Frechheit eine Bewegung auslöst, in der alle neu, anders sehen lernen und den verborgenen Kern entdecken.

Und dies wäre auch für uns das Beste, was uns in diesen Tagen passieren könnte: In Bewegung kommen, in eine Gegenbewegung zum Üblichen, unterwegs zum Kern der Weihnachtsgeschichte. Werden Sie sich losreißen können, wenigstens hier und da, werden Sie den Weihnachtskern suchen? Bisher sind noch immer alle, die sich voller Hoffnung und Sehnsucht auf den Weg machten, fündig geworden!

Sonja Friederich-Knobloch

Wie ein Gebet ohne Worte

In unserer Klinik hängt auf jeder Station ein Adventskranz. Advent können wir uns ohne Kränze auch gar nicht vorstellen. Was aber haben Kränze für eine Bedeutung? Es gibt ja den Siegerkranz, den Jungfernkranz, den Erntekranz. Ein Kranz ist eine Art Krone. Er dient als Auszeichnung, als Schmuck. Wo Kränze gewunden werden, da gibt es etwas zu feiern. Im Frühjahr entstehen manchmal auf Ausflügen Kränze aus Frühlingsblumen, Ausdruck der Freude über das sich regende Leben. In früheren Zeiten wurde den Siegern nach einem Kampf ein Kranz aus Lorbeerzweigen umgelegt oder auf den Kopf gesetzt. Und Kränze legen wir als Grabschmuck auch auf die Gräser. Bei aller Traurigkeit setzen wir auf das Leben, auch über den Tod hinaus.

In einem Herkunftswörterbuch las ich, der Kranz sei sprachlich verwandt mit den Wörtern „krank“, „krumm“ und „Krampf“. Aus derselben sprachlichen Wurzel stammen „Krücke“ und „Krüppel“. Zugrunde liegt die indogermanische Silbe „ger“, sie bedeutet: „beugen, drehen, winden.“ Mit „ger“ ist also das Bild von einer gebeugten, verdrehten, gewundenen Linie verbunden. Der kranke Mensch und der Kranz: Wie ähnlich sie sich doch sind! Wie gut wird es uns tun, uns gebeugten, verdrehten, gewundenen Menschen, wenn uns Lichter aufgesteckt werden - wie dem Kranz im Advent. So wie es beim Propheten Jesaja heißt. *Das Volk, das im Finstern wandelt, sieht ein großes Licht, und über denen, die da wohnen im finsteren Lande scheint es hell* (Jes. 9,1).

Was Jesaja mit Worten verheißt, verspricht der Adventskranz ohne Worte. Gott macht das Dunkel hell. Er vollendet, was abgebrochen ist. Er macht hell, was beschädigt ist. Die Vierzahl erinnert an diese Hoffnung auf Vollendung. Die vier Kerzen, die nacheinander angezündet werden, sind Sinnbild göttlicher Verheißung. Die Vollendung braucht Raum, deshalb die vier Himmelsrichtungen Nord und Süd, Ost und West. Die Vollendung braucht Zeit, deshalb die vier Jahreszeiten Frühling, Sommer, Herbst und Winter. Die Vollendung braucht die Natur, deshalb die vier Elemente Feuer, Erde, Wasser und Luft.

Der Kranz als Symbol des Runden hat eine Botschaft: Gott macht „rund“, was unfertig ist, er bringt ans Ziel, was unterwegs liegengeblieben ist, er richtet auf, was kraftlos war. Anfang und Ende, Geburt und Tod, Glück und Unglück, alles liegt in Gottes Hand, alles wird gut unter Gottes Hand.

Nun hat mich das Herkunftswörterbuch noch auf eine andere adventliche Spur gebracht. Auch „Kraft“ hat dieselbe sprachliche Wurzel wie „Kranz“. Das bedeutet dann: Was gebeugt und krumm ist, hat auch Kraft. Vom gebeugten Arm wissen wir, daß er mehr tragen kann als der ausgestreckte, gerade Arm. So ist der Kranz zwar einerseits Sinnbild des Gekrümmten und Schwachen, zugleich aber auch der Kraft. Weil wir uns nach dieser Kraft sehnen, darum tut uns der Adventskranz gut. Die Kraft ist da, sichtbar geworden in diesem grünen Kranz, dessen Nadeln sich nicht verfärben und die nicht wie das Laub im Herbst herabfallen, die die Kälte ertragen und die Dunkelheit. *Denn dein ist das Reich und die Kraft und die Herrlichkeit in Ewigkeit,* heißt es im Vaterunser.

Und dann denke ich manchmal: Der Adventskranz ist wie ein Gebet ohne Worte. Wenn wir die Worte nicht finden können, so spricht er sie gleichsam an unserer Stelle aus. Kürzlich hat mir eine Patientin gesagt, daß sie nicht mehr beten könne, seit sie wisse, daß sie Krebs habe. Aber, so fügte sie hinzu, wenn sie wieder zu Hause wäre und den Adventskranz sehen, ihn betasten und riechen könnte, dann, ja, dann könnte sie vielleicht auch wieder beten. Ich weiß nicht, wie es ihr jetzt geht, denn inzwischen ist sie aus der Klinik entlassen worden. Aber ich wünsche ihr und Ihnen allen hier in der Klinik - denen, die beten, und denen, die nicht beten können - , daß wir aus dem Adventskranz Kraft schöpfen, daß wir seine Zeichen sehen und erkennen: Das Krumme schließt sich zum Kreis, wird rund und ganz. Seine Kraft möge uns Mut machen, der Dunkelheit nicht auszuweichen, aber noch mehr dem Licht zu vertrauen, das allen Dunkelheiten eine Grenze setzt

Klaus Nagorni

In Erwartung leben

Die Geschichte spielt kurz nach dem Krieg - in einer der zerbombten Städte in Deutschland. Noch ist der Schutt der zerstörten Häuser nicht beiseite geräumt. Aber die Züge fahren schon wieder.

Da geht ein alter Mann durch die dunklen Straßen in Richtung Bahnhof. An jedem Freitag tut er das. Die Menschen der Stadt kennen ihn schon, den Alten. Sie kennen seine Aufgeregtheit, seinen erwartungsvollen Blick. Sie wissen, daß der, den der Alte erwartet, auch dieses Mal nicht unter den Ankommenden sein wird.

Wen erwartet er überhaupt? Einen Bruder, eine Schwester, die der Krieg von seiner Seite gerissen hat? Oder einen anderen Verwandten, der vielleicht überlebt hat? Oder gar den, der alle Erwartung erfüllt, den Messias, den Christus? Wie in jeder Nacht, so läuft auch in dieser Nacht Zug um Zug ein. Als sich gegen Mitternacht die Bahnsteige leeren, da steht für den Alten wieder einmal fest: Auch diesmal war er nicht dabei. Aber er beschließt: Am Freitag wird er wiederkommen - mit neuer Geduld, mit neuer Hoffnung. Und mit diesem Gedanken geht der Alte zurück, zurück durch die dunklen Straßen, dorthin, wo er hergekommen ist.

Ich bin mir nicht so sicher: Ist das eigentlich eine traurige Geschichte, weil sie uns von den ständig enttäuschten Erwartungen eines Menschen erzählt? Oder ist es eher eine Geschichte, die Mut macht, weil sie davon berichtet, welche Kraft in der Hoffnung steckt, die einen Menschen immer wieder auf die Beine bringt?

Auf jeden Fall aber ist es eine gute Adventsgeschichte. Denn Advent heißt ja: in Erwartung leben. In der Erwartung, daß das, was ist, noch nicht alles ist. Daß vieles in unserem Leben nur eine Andeutung ist von der Erfüllung, die noch kommt. Woher wissen wir aber, daß wir nicht die falschen Erwartungen pflegen? Daß wir nicht am falschen Bahnsteig warten oder am falschen Gleis?

Advent feiern heißt darum, nicht nur der Zukunft zugewandt sein, sondern auch der Vergangenheit. Nicht nur nach vorne zu sehen und nach vorne zu gehen, sondern zu wissen: Gott ist längst angekommen. Seine Spur zieht sich durch die Geschichte der Menschheit und, wenn wir die Augen öffnen, auch durch unser Leben. Im Advent kommt also beides zusammen, Zukunft und Herkunft. Gott hat die große Distanz zwischen Himmel und Erde überbrückt und ist Mensch geworden. Das ist die Herkunft des Advent. Mit diesem Advent im Rücken, mit der Gewißheit, daß Gott angekommen ist auf einem winzigen Fleckchen Erde, in einem Stall, mit dieser Gewißheit warten wir darauf, daß Gott kommt - auch heute.

Übrigens, der Alte wird auch am kommenden Freitag wieder zum Bahnhof gehen, wird warten und warten, wird vergeblich warten und wieder heimgehen. Aber das Warten macht ihn lebendig, hält ihn am Leben, und wieder wird er gehen und warten bis, ja, bis der heißersehnte Besucher da ist.

WALDEMAR PISARSKI

Ein Christfest ohne Weihnachten

DIESMAL MUSS ES SCHON kurz nach unserem Sommerurlaub gewesen sein. Jedenfalls war es noch im September, da entdeckte ich die ersten Schokoladen-Nikoläuse in einem Schaufenster. Weihnachten - alle Jahre wieder und von Jahr zu Jahr früher! Freilich, manchmal gibt es wirklich Gründe, Weihnachten vorzuverlegen. Neulich erzählte mir ein Schweizer Freund, wie ein Dorf auf die Idee kam, Weihnachten zu einem früheren Zeitpunkt zu feiern.

Eine nicht allzu große Ortschaft irgendwo in der Schweiz. Ein Tante-Emma-Laden, eine Gastwirtschaft, eine Bäckerei, eine Zwergschule mit zwei Klassen, ein Elektrogeschäft und eine Pfarrkirche. In einem dieser Häuser lebt ein junges Ehepaar mit seiner kleinen Tochter Janine. Ein fröhliches Kind, bis sie eines Tages zu kränkeln beginnt. Müdigkeit, Kopfschmerzen, Fieber. Der Arzt aus der Nachbargemeinde untersucht sie, und weil er Schlimmes befürchtet, schickt er Janine in die Universitätsklinik nach Basel. Der Bescheid ist für die Eltern niederschmetternd.

Janine leide an einer unheilbaren Blutkrankheit. Ihre Tage seien gezählt.

Die Eltern sind untröstlich, verzweifelt. Sie entschließen sich dennoch, Janine die Wahrheit zu sagen. Und sie wollen ihrem Kind die letzten Tage seines Lebens so schön wie möglich machen. Sie schlagen Reisen vor, Janine lehnt ab, sie wollen ihr schöne Geschenke machen, Janine lehnt ab. Die Eltern bitten sie, ihnen zu sagen, was sie sich wünsche. Janines Antwort: „Ich möchte noch einmal Weihnachten feiern." Die Eltern erschrecken. Weihnachten, das würde erst in ein paar Wochen sein! Nach Aussage der Ärzte würde ihre Tochter kaum so lange leben.

In ihrer Not vertrauen sie sich Freunden an. Sie überlegen und überlegen, schließlich entsteht die Idee: Das Weihnachtsfest soll in diesem Jahr am 1. Dezember stattfinden. Man würde es einfach vorverlegen. Und so erzählen sie es ihrer Tochter. Janine, ein gescheites Kind, reagiert zunächst mit Mißtrauen. Weihnachten schon am 1. Dezember? Aber Vater und Mutter sind auf diesen Einwand vorbereitet, und so weisen sie darauf hin, daß es mit Ostern ja auch so sei. Es sei auch nicht an einen festen Termin gebunden, sondern ändere sich von Jahr zu Jahr. Das leuchtet Janine dann auch ein.

In den nächsten Tagen gehen die Eltern von Haus zu Haus, bis das ganze Dorf ins Vertrauen gezogen ist. Und alle, alle machen mit. Der Bäcker beginnt gleich mit dem Backen von Lebkuchenherzen. Die Frau vom Tante-Emma-Laden stellt ihre Krippe ins Schaufenster, die Schulkinder machen sich daran, Christbaumschmuck zu basteln. Die Väter holen die elektrischen Eisenbahnen vom Dachboden, die Mütter bringen die Puppenstuben auf Hochglanz. Der Elektromeister nimmt mit dem Rundfunk Kontakt auf und verlegt die Kabel in die Häuser so, daß weihnachtliche Musik in allen Häusern des Dorfes erklingt. Das ganze Dorf macht mit. Auch der Pfarrer ist einverstanden, am 1. Dezember soll die Christvesper stattfinden. So feiert das Dorf an diesem Tag Heiligabend, genau 24 Tage vor Weihnachten. Zwei Tage später ist Janine tot. Aber Weihnachten wurde nicht mehr gefeiert.

Eine große Geste für ein kleines Kind. Eine Geste voller Phantasie, wie sie nur aus Einfühlsamkeit und Liebe kommen kann. Gewiß, seit dem 6. Jahrhundert feiern wir in Europa den Heiligen Abend am 24. Dezember, seit dem 16. Jahrhundert haben wir einen Namen dafür: „Weihnachten." Aber es gibt ein Christfest vor der Zeit und auch nach der Zeit. Jenseits des Kalenderdatums und ganz ohne Schokoladen-Nikoläuse. Es ist ein Christfest, ganz unzeitlich und doch ganz zeitnah. Ein Christfest ohne Weihnachten.

Erich Esslinger

Komm auch zu uns

HERR, unser Gott,
so viel Dunkelheit in der Welt,
aber mit dir kommt das Licht.
Wir bitten dich: Komm auch zu uns.

HERR, unser Gott,
so viel Not und Tod in der Welt,
aber mit dir kommt das Leben.
Wir bitten dich: Komm auch zu uns.

HERR, unser Gott,
so viele Grenzen und Mauern,
aber mit dir kommt die Freiheit.
Wir bitten dich: Komm auch zu uns.

HERR, unser Gott,
so viel Haß und Vergeltung,
aber mit dir kommt die Versöhnung.
Wir bitten dich: Komm auch zu uns.

HERR, unser Gott,
so viel Enge und Kleinkariertheit,
aber mit dir kommt die Weite.
Wir bitten dich: Komm auch zu uns.

HERR, unser Gott,
so viel Traurigkeit und Trauer,
aber mit dir kommt die Freude.
Wir bitten dich: Komm auch zu uns.

HERR, unser Gott,
du öffnest den Himmel
und kommst zu uns,
du bist da und bleibst
bei uns und deiner ganzen Welt.
Wir danken dir. Amen

Rolf Steinhilper

Neues Leben in den Dornen

„Maria durch ein Dornwald ging ...“ Ein kleines, einfaches Lied, das in diesen Tagen viel gesummt, gespielt und gesungen wird. In der 2. Strophe wird darin gefragt:

Was trug Maria unter ihrem Herzen? Kyrie eleison.
Ein kleines Kindlein ohne Schmerzen,
das trug Maria unter ihrem Herzen. Jesus und Maria.

Das ist Maria noch nicht auf den höchsten Stufen und in den schönsten Farben, so wie sie später dargestellt worden ist: Als Königin und Madonna, als Schutzpatronin und Heilbringerin, als Heilige und Reine, als Jungfrau und Fürsprecherin, als Herrscherin und Gebieterin. Sie ist sicher die junge Frau aus Nazareth, verlobt mit dem Zimmermann Josef aus Bethlehem. Wohl auch darüber erschrocken, daß sie beauftragt ist, die Mutter Jesu zu werden. Besingt das Lied nicht den inneren Weg, den Weg, bis das „Ja“ zum Kind gefunden ist, bis eine Frau sagen kann: *Ich bin des HERRN Magd, mir geschehe, wie du gesagt hast?* Ist das nur der Weg der Frau, wenn sie Mutter wird, ist der Weg des Mannes, wenn er Vater wird, dem nicht ähnlich?

Maria geht bis auf den heutigen Tag in unseren angeblich so vernünftigen Köpfen immer noch einen dornigen Weg. Eine Geburt ohne ausdrückliche Erwähnung des Mannes. Uneheliche Schwangerschaft! Die Dornen der Bedenken und Zweifel sind abweisend, fast feindselig. Martin Luther hat uns einen ganz anderen Zugang gewiesen: „Es will mit dem Herzen bedacht sein, was das sei, Gottes Mutter zu sein.“ Der Engel, Bote des Himmels, hat sie mit den Worten „du Begnadete“ angesprochen. Es ist der Anfang der Aussöhnung zwischen Himmel und Erde, zwischen Leib und Seele, zwischen männlichem und weiblichem Wesen, zwischen Mensch und Natur. Das männliche Herrscherbewußtsein hat mit der Christgeburt zu begreifen: Die Frau ist unmittelbar zu Gott selbst. Sie bedarf des Mannes nicht, um erst durch ihn etwas zu sein. Sie ist Trägerin göttlicher Weisheit und muß sich nicht nach dem Bild des Mannes oder gar dem „Mannsbild“ ausrichten.

Meine Seele erhebt den Herrn, und mein Geist freut sich Gottes, meines Heilands ... (Lk 1,46). Maria beginnt zu singen, so wie nur ein Mensch singen kann, wenn neue Energie in ihm frei wird. Sie „steht auf“ und bringt Gott, der ewigen Kraft, ihr Lob entgegen. Und bezeugt, daß Gottes Walten über alle vorläufigen menschlichen Gewalten hinweggeht und die tyrannischen Mächte, die im Wege stehen, hinwegräumt. Die junge Frau und Mutter hat nicht verschwiegen, daß unmenschliche Machtverhältnisse die Menschen beherrschen. Doch sie singt und setzt dagegen: *Gott herrscht, er holt die Gewaltigen vom Thron und setzt die Niedrigen ins Recht.*

Wer so singen kann, muß vor den Gewaltigen nicht mehr verstummen. In den Dornen fängt neues Leben zu blühen an.

Evelyn Brusche

Auf dürrem Gras

Liebevoll, in mühevoller Kleinarbeit hergestellt, schmükken sie unseren Weihnachtsbaum: die Strohsterne. Daß aus Stroh einmal Sterne hergestellt würden, das hätte sich das Stroh ursprünglich wohl auch nicht träumen lassen.

Stroh stand noch nie in hohem Ansehen, das ist bis heute so geblieben. Wenn jemand „nichts als Stroh im Kopf" hat, also ein „Strohkopf" ist, dann ist das nur eine andere Bezeichnung für „strohdumm". - Ein „Strohmann" tut nur das, wozu andere ihn beauftragt haben, die wirklich Handelnden sind andere. Geht die Sache schief, ist er „der Dumme", der zur Verantwortung gezogen wird. - Wenn etwas „strohig" schmeckt, ist es ungenießbar. -„Strohfeuer" brennen zwar schnell und stark, doch nur kurz; sie geben nur für einen Augenblick Licht und Wärme, dann sind sie abgebrannt.- Und wenn früher Menschen auf einem „Strohsack" schlafen mußten, war das ein Zeichen von Armut.

Weihnachten hat dem Stroh eine gewisse Aufwertung gebracht, wenn das Jesuskind *auf Heu und auf Stroh* gebettet wird. In der biblischen Weihnachtsgeschichte selbst kommt es nicht vor. Freilich, auch Ochs und Esel kommen darin nicht vor. Ob beim Stroh der negative Sprachgebrauch von diesen beiden Last- und Zugtieren herkommt? Auch die Namen der beiden Tiere werden zumeist als Schimpfworte verwandt und mit Dummheit assoziiert. Nach dem Motto: Wer für andere arbeitet, kann nicht helle sein! Aus den biblischen Weihnachtsgeschichten wissen wir nur, daß Jesus in einem Stall geboren und in eine Krippe gelegt wurde. Das wird wohl eher ein Viehtrog gewesen sein. Vielleicht standen Ochs und Esel drum herum, sie „mußten" wohl auch dabeisein, hatte doch der Prophet Jesaja - provozierend genug - gerade diese beiden Tiere als Glaubensvorbilder für sein Volk ausgewählt*: Ein Ochse kennt seinen Stall und ein Esel die Krippe seines Herrn, aber Israel kennt's nicht und mein Volk versteht's nicht (Jes. 2,3).* Aufgrund dieses prophetischen Wortes konnten sich viele den Raum, in dem Jesus geboren wurde, als Herberge auch für Ochs und Esel vorstellen. Und wo es Tiere gibt, muß es auch Stroh geben. Gut möglich also, daß Maria und Joseph damit die Krippe bzw. den Viehtrog ausgelegt haben.

Stroh, das sind die getrockneten Halme des gedroschenen Getreides, die gebündelt werden und den Tieren als Futter oder Heu dienen. Mit Stroh, also Getreideabfall, mit Viehfutter und Viehstreu - damit schmücken wir unsere Zweige zum Weihnachtsfest. Ich weiß nicht, wer damit angefangen hat, die Halme strahlenförmig zusammenzulegen, so daß Sterne entstehen. Halbierte und gepreßte Halme, anschließend geklebt oder geflochten, der Phantasie sind keine Grenzen gesetzt, kein Strohstern ist wie der andere, er ist zerbrechlich und widerstandsfähig zugleich.

Stroh und Stern, Stern und Stroh: Größer kann der Unterschied nicht sein, denn der Stern verweist auf das Himmlische und Unvergängliche, das Stroh auf das Irdische und Vergängliche. Der Strohstern als Weihnachtszeichen - größer kann auch die Nähe zwischen Himmel und Erde, Gott und Mensch, Reichtum und Armut, Gottes Herrlichkeit und des Menschen Elend nicht sein! Und gerade so stellt der Strohstern unsere Welt auf den Kopf, denn das Stroh, der Abfall, wird zur Zierde unserer Zweige; das Stroh, das Törichte, wird zum Zeichen göttlicher Weisheit, *denn das Geringe vor der Welt und das Verachtete, das hat Gott erwählt* (1.Kor.1,28). Verkehrte Welt, aber nur so bleibt sie Gottes Welt und auch der Menschen Welt.

Der Strohstern als Weihnachtszeichen: Der ewige Gott wird ein kleines Kind. In große Armut und Not hinein wird der Friedenskönig geboren. Ganz unten, im Elend und Abfall eines Stalls, ist der Heiland der Welt zu finden. Zwischen Ochs und Esel, auf Stroh gebettet, wird der *Schöpfer aller Ding* in eine Futterkrippe gelegt:

„Ach Herr, du Schöpfer aller Ding,
wie bist worden so gering,
daß du da liegest auf dürrem Gras,
davon ein Rind und Esel aß“ (EKG 29,4).

Mechthild Werner

Dem Herzen schenken

Zu Weihnachten gehören Geschenke. Gekaufte oder handgemachte, höfliche oder herzliche, gewöhnliche oder ungewöhnliche Geschenke. Zu Weihnachten gehört auch das schlechte Gewissen, gehören die Almosen: Geschenke für die, denen sonst nichts geschenkt wird.

Über eine Begebenheit aus dem Leben des Dichters Rainer Maria Rilke wird folgendes berichtet: Während seiner Zeit in Paris ging der Dichter täglich über einen Platz, an dem eine Bettlerin saß. Ohne je aufzusehen, ohne je „bitte" oder „danke" zu sagen, saß die Frau jeden Tag am gleichen Ort. Rilke gab nie etwas. Seine französische Freundin dagegen warf der Bettlerin häufig ein Geldstück hin. Einmal fragte sie ihn, warum er nichts gebe. Rilke antwortete: „Man müßte ihrem Herzen schenken, nicht ihrer Hand."

Wenige Tage später brachte Rilke eine eben erblühte Rose mit. Er legte sie in die offene, abgezehrte Hand der Bettlerin und wollte weitergehen. Da blickte die Frau plötzlich auf, erhob sich mühsam von der Erde, tastete nach Rilkes Hand, küßte sie und ging mit der Rose davon.

Eine Woche lang war sie verschwunden. Ihr Platz blieb leer. Nach acht Tagen saß sie wieder da. Sie war stumm wie immer, streckte nur die Hand aus. „Wovon hat sie wohl die Tage gelebt?" fragte die Französin. Rilke antwortete: „Von der Rose."

Weihnachten ist nicht nur die Zeit für Brot- und Geldspenden, von denen viele, allzu viele leben müssen. Es ist auch die Zeit für Rosen, für Herzensgeschenke, die einen Menschen aufleben, „erblühen" lassen. Geschenke, die mehr sind als Almosen. Nicht nur zur Weihnachtszeit.

Erich Esslinger

Die kleine Clementine

Kennen Sie die kleine Frucht, die aussieht wie eine Mini-Apfelsine, genauso süß schmeckt, aber im Unterschied zur Apfelsine keine Kerne hat? Nein, ich bin kein Werbefachmann für Obst, aber ich möchte Sie mit Hilfe dieser kleinen Frucht auf die Spur von Weihnachten bringen. Vieles von dem, was wir zur Weihnachtszeit backen, kosten und verschenken, hat ja einen tieferen Sinn. Die Weihnachtsbräuche sind wie einer der vielen Schlüssel, mit denen sich das eine oder andere Tor zum Himmel aufschließen läßt, sie machen uns auf die Nähe Gottes im Alltag aufmerksam, so daß wir diese Nähe mit allen unseren Sinnen wahrnehmen können.

Vor nicht allzu langer Zeit lebte in Algerien ein französischer Priester namens Clément, wir würden im Deutschen „Clemens" sagen. Er gehörte zum Orden der „Armen Brüder Jesu". Die Menschen lebten im Sommer von der Getreideernte und im Frühjahr von der Apfelsinenernte. Aber in der langen Zeit zwischen Herbst und Winter, da gab es keine Ernte, da lagen die Transportschiffe im Hafen, denn es gab ja nichts zu transportieren. Und die Arbeitslosigkeit war groß, groß auch die Armut in den Familien.

Pater Clément sah das alles. Jedes Jahr war es dasselbe. Und er dachte bei sich: Es muß doch etwas geben, was den Menschen Arbeit und damit auch Brot bringt. Es muß doch etwas geben, was genauso begehrt ist wie das Getreide im Sommer und die Apfelsinen im Frühjahr. Und er kam auf die Idee, eine Frucht zu züchten. Was dabei herauskam, war eine kleine Frucht, die aussieht wie eine Apfelsine, nur etwas kleiner und süßer, eine Frucht, die man im Herbst und Winter in Algerien pflücken und essen, vor allem aber in fremde Länder transportieren kann. Für viele Familien hatte nun die Not ein Ende, viele Menschen hatten nicht nur Arbeit und Lebensunterhalt bekommen, sondern auch Selbstbewußtsein und Würde. Und aus Dankbarkeit gaben die Leute der neuen Frucht den Namen „Clementine", nach ihrem Züchter Pater Clemens.

Warum ich diese Geschichte erzähle? Weil sie uns auf die Spur von Weihnachten bringen kann, weil Gott an Weihnachten nicht nur zu hören und zu sehen, sondern auch zu fühlen, zu riechen und zu schmecken ist, ja auch zu schmecken. Die Clementine als eine Art Frucht gewordene Gottesliebe. Mit einer Frucht begann das Elend der Vertreibung aus dem Paradies, von einer Frucht aßen Adam und Eva, *sie wollten sein wie Gott*, heißt es da. Aber bald mußten sie das Paradies verlassen und jenseits von Eden leben. Bis heute.

An Weihnachten kehren wir ins Paradies zurück, feiern wir die erfinderische Liebe Gottes. Wir müssen nicht alle gleich Obstzüchter werden wie Pater Clément aus Algerien, aber uns anstecken lassen von der Liebe Gottes und diese Liebe weitergeben, das können auch wir. An Weihnachten feiern wir die Rückkehr ins Paradies, für ein paar Augenblicke ist der Himmel geöffnet, hat der Engel seinen Wachtposten verlassen, und wir können zurückkehren, können *kommen und schmecken, wie freundlich der Herr ist.* Das kann ein kleines Stück Brot und ein kleiner Schluck Wein beim Abendmahl sein, das kann ein freundliches Wort, eine kleine Geste sein oder eben - eine kleine Clementine.

Hans-Peter Held

Ein paar Tropfen Wohlgeruch

„Haarspray spendet Frieden." Diese überraschende Mitteilung entdeckte ich kürzlich in einer Zeitung. Verwundert las ich weiter: Einige Förster, verantwortlich für ein Tiergehege, hatten immer Mühe gehabt, neu ankommende Wildschweine mit den alten vertraut zu machen. Die Alteingesessenen jagten und hetzten die Neuankömmlinge bis zur Erschöpfung. Und warum? Ganz einfach: Weil diese einen anderen Geruch hatten! Da kamen die Förster auf eine Idee! Wie wär's mit ein bißchen Haarspray auf die Wildschweinborsten? Die Wirkung war verblüffend: Kein Hetzen und Jagen mehr, statt dessen herrschte behagliches Grunzen im Gehege. Auf einmal konnten sich alle gleich gut riechen!

Ach, wenn es bei uns Menschen doch auch so einfach wäre! Da duftet es kurz vor Weihnachten herrlich aus allen Backöfen nach Wohlgerüchen, aber die Zahl derer, die einander nicht riechen können, scheint nicht gerade abzunehmen, sondern im Gegenteil eher noch zu steigen.

Wir sind ein Wohlgeruch Christi (2. Kor.2,15), so hat es einmal Paulus erklärt. Er hatte dem *Todesgeruch dieser Welt*, wie er es nannte, unmißverständlich den *Geruch des Lebens* vorgezogen. *Wir sind ein Wohlgeruch Christi* - was für ein Bild in einer Welt, in der so vieles zum Himmel stinkt. Wir - ein *Wohlgeruch Christi*, das könnte ein gutes Motto für unser Leben sein, erst recht für die Zeit kurz vor Weihnachten, in der es nach besonders viel Mühe und Arbeit riecht, in der mancher irgendwann mal die Nase voll hat! Vielleicht duften wir heute mal nach Gelassenheit und Freundlichkeit, nach Geduld und Eindeutigkeit. Die Palette der Wohlgerüche Christi ist groß und übertrifft die Angebote der größten Parfümerie. Und die Wirkung eines solchen Wohlgeruchs könnte durchaus der in jenem Wildgehege ähnlich sein. Es wäre ja schon ein Vorgeschmack auf Weihnachten, wenn keiner mehr den anderen jagen und hetzen müßte. Und wenn auch wir selber uns nicht mehr vom selbst auferlegten Streß in die Enge treiben ließen.

Ein paar Tropfen Eigengeruch und ein „fftt“ aus der Dose tun es noch nicht - nach jeder Christvesper hängt in den Kirchen dieser Geruch. Allen scheint es darum zu gehen, schön füreinander dazusein, gut zu riechen und einander gut riechen zu können. Aber lange hält dieser Geruch bekanntlich nicht vor. Wie aber kommen wir dahin, schon heute und auch dann, wenn das Fest vorüber ist, ein Wohlgeruch Christi zu sein und zu bleiben?

Vielleicht können wir von denen lernen, die damals auch nicht gerade nach Veilchen rochen und dennoch den richtigen Riecher hatten, ich meine die Hirten auf den Feldern von Bethlehem. Im Stall, in dem das Kind zur Welt kam, roch es bestimmt nicht gut und festlich schon gar nicht, eher nach Elend und Armut. Und erst am Ende ein bißchen nach Weihrauch. Aber vor allem roch es nach Leben, nach ansteckendem Leben! Daß sich die Hirten nach ihrer Rückkehr zu ihren Herden nun mehr als vorher gereinigt hätten, ist eher unwahrscheinlich, aber als sie *nun die Geschichte sahen, die ihnen der Herr kundgetan* hatte, da waren sie voller Jubel und Dank, berichtet die Weihnachtsgeschichte ausdrücklich.

Ein kleines Stück geöffneten Himmels, das hatte ihnen gereicht, um nun selbst zum *Wohlgeruch des Lebens* zu werden. *Sie priesen und lobten Gott*, heißt es bei Lukas, und ich bin sicher, hätten sie die folgende Weihnachtsstrophe gekannt, sie hätten sie voller Freude mitgesungen:

Das Blümelein so kleine, das duftet uns so süß,
mit seinem hellen Scheine vertreibt's die Finsternis ...

Gerd Schmoll

Das Licht

Wie oft liegt in dieser Jahreszeit Nebel über dem Land. Alles ist grau in grau. Weit sehen kann man nicht. Und wenn der Nebel bleibt, legt er sich einem auf das Gemüt. „Seltsam im Nebel zu wandern. Leben ist einsam sein. Kein Mensch kennt den andern, jeder ist allein", diese schwermütigen Verse des Dichters Hermann Hesse finden an solchen Tagen Entsprechung in depressiven Stimmungen.

Aber manchmal, bei einer Autofahrt oder bei einer Wanderung, geschieht, was man sich vorher überhaupt nicht vorstellen konnte: Je höher man kommt, desto heller wird es. Der Nebel wird weiß, wird immer dünner, reißt plötzlich auf. Der blaue Himmel wird sichtbar, und wenige Augenblicke später ist man in strahlender Sonne, hat einen weiten Blick, hat das bedrückende Grau des Nebels hinter sich. Nebel, undurchsichtiger Nebel, und dann auf einmal der geöffnete Himmel. Ist das ein Bild für den Weg des Glaubens? Führt er aus dem Dunkel ins Licht? Wie kann es hell werden im Leben eines Menschen? Wie werden die Gefühle von Einsamkeit und Verlassensein überwunden?

Jacques Lusseran, Professor für französische Literatur, im 2. Weltkrieg Mitglied einer Widerstandsgruppe in Frankreich, erzählt in einem eindrucksvollen Lebensbericht von einem inneren Licht, das sein Leben hell gemacht hat. Mit acht Jahren verlor er aufgrund eines Unfalls sein Augenlicht. Alles war auf einmal dunkel um ihn. Aber da kam diese seltsame Lichterfahrung, die ihn, den Erblindeten, in einem besonderen Sinne sehend machte. Wenn er sich von Vertrauen tragen ließ, war das Licht in ihm. Er fühlte sich sicher, konnte sich orientieren, stieß nirgends an. Aber sobald er sich ärgerte, wenn er Angst hatte oder auch wenn er von Zorn, Ungeduld oder bösen Gedanken erfüllt war, schwand das Licht und es wurde wieder ganz dunkel in ihm. Vertrauen, Nähe, Hoffnung, vor allem aber die Erfahrung von Liebe machten ihn sehend. So erzählt er von der Ferienliebe eines gleichaltrigen Mädchens, die ihm, dem Blinden, bunte Bilder schenkte, und sofort fand er das Licht wieder.

Ist das nicht eine weihnachtliche Spur? Denn auch Weihnachten erzählt davon, wie es hell werden kann im Leben des Menschen, wie auf einmal der Himmel aufreißt und wir wieder sehen können. Ein Kind, „nur“ ein Kind, kommt in diese dunkle Welt und mit ihm Gottes Liebe. Von diesem Kind sagt das Evangelium: *Ich bin das Licht der Welt.* Ich möchte auch in deinem Leben das Licht sein. Ich will deinem Haus das Licht sein, an dem du dich orientieren kannst. Ein Licht, das dich durch den Nebel zur Sonne, zur Weihnachtssonne, führt.

Hans-Peter Held

Der kleine Vorsatz und die große Hoffnung

Es begab sich aber zu der Zeit, daß Weihnachten wieder einmal wie ein Berg vor den Menschen stand und daß die guten Vorsätze Hochkonjunktur hatten. Sie waren gefragt wie selten im Jahr, vielleicht die Neujahrsnacht ausgenommen. Und jedermann griff nach einem, nein, nach mehreren dieser hilfreichen Wesen in der Hoffnung, damit für die kommende Zeit gerüstet zu sein. Die guten Vorsätze hatten sich der großen Nachfrage angepaßt und sich spezialisiert. Da gab es z.B. die Väter, die sich vorgenommen hatten, etwas mehr Zeit für die Familie zu haben, und die Mütter hatten den festen Vorsatz gefaßt, rechtzeitig die Geschenke zu besorgen.

Es begab sich aber zu der Zeit, daß einer dieser guten Vorsätze ratlos und nachdenklich durch die hektischen Tage irrte. Er war einer von den weniger gefragten, nur für solche bestimmt, die sich vornahmen, es in diesem Jahr endlich einmal anders, ganz anders zu machen, z.B. statt 20 Grußpostkarten *einen* wichtigen Bief zu schreiben oder Geschenke nicht mehr in Geld, sondern in Herztönen zu messen. Und wie der kleine, gute Vorsatz sich so den Menschen anbot, war er wie vom Donner gerührt. Da hörte er nämlich im Vorübergehen, wie einer sagte, eher sei der Weg zur Hölle mit guten Vorsätzen gepflastert, als daß man mit ihnen „nach Weihnachten" gelangen könne. Wie gesagt, zunächst empfand er das als eine bodenlose Frechheit, so über ihn, den kleinen Vorsatz, und seine Berufskollegen zu denken.

Aber je länger er darüber nachdachte, um so klarer mußte er sich die Wahrheit eingestehen: Betrogen er und seinesgleichen die Menschen nicht wirklich um Weihnachten, mehr noch, um Himmel und Erde? Denn was war er - der kleine gute Vorsatz - denn anderes als ein Gemisch aus Illusion, Selbstbetrug und innerem Leistungsdruck, vor allem aber, blieben da nicht immer nur Leere und Unzufriedenheit zurück? Gewiß, „Hölle" mochte eine Übertreibung sein, aber es war doch unbestreitbar, daß die guten Vorsätze irgendwie die Vorweihnachtszeit für viele „höllisch" machten!

Der kleine, gute Vorsatz seufzte, und zwar so laut, daß die Musik, die gerade vorüberkam, es hörte. Sie unterbrach nur für einen Augenblick ihre schöne Melodie, ehe sie ihren Gesang fortsetzte: *Macht hoch die Tür, die Tor macht weit, es kommt der Herr der Herrlichkeit ...* Da wußte der kleine gute Vorsatz, daß er eine neue Aufgabe gefunden hatte: Er würde in den Herzen der Menschen die Türen der Sehnsucht so aufstoßen, daß sie sich öffnen konnten. Mehr brauchte er gar nicht zu tun, alles Übrige tut der, der da kommt. Er hatte begriffen. Und zugleich spürte der kleine Vorsatz eine große Hoffnung in sich: Daß nämlich wahr wird, was er sich und den vielen Menschen immer schon gewünscht hatte*: O klare Sonn, du schöner Stern, dich wollten wir anschauen gern* ... Für einen Augenblick war der kleine Vorsatz ganz sicher, den Himmel offen zu sehen. Mochte er sich auch bald wieder schließen, eines war für ihn sicher: Nie wieder würde er sich dazu hergeben, daß Menschen den Weg zur Hölle mit ihm, dem kleinen Vorsatz, bepflastern. Und zugleich spürte er in sich eine große Hoffnung auf das, was er sich heimlich schon immer für alle Menschen gewünscht hatte: Frieden.

Klaus Nagorni

Ein kleines Stück von mir

In diesem Jahr schenken wir uns nichts, sagte mir neulich ein Bekannter. Wir haben das so verabredet in unserer Familie. Die Kinder sind schon groß, außerdem haben wir inzwischen schon alles. Bei diesem Gerenne vor dem Fest machen wir diesmal nicht mit. Am Ende kauft man doch nur etwas, damit man nicht mit leeren Händen dasteht. Und dann die Umtauscherei nach Weihnachten, nein, diesmal ohne uns!

Ich muß an die Karikatur denken, die ich irgendwo gesehen habe: ein Zebrastreifen, über den vollbepackte Menschen eilen. Vollbepackt mit Päckchen und Paketen, großen und kleinen Christbäumen, jeder in Eile, alle unterwegs, ohne nach links oder nach rechts zu schauen. Und so übersehen die Menschen das schlichte Paar da mitten auf der Straße, das vor dem Zebrastreifen stehengeblieben ist. Ein Mann mit Bart und einem langen, dunklen Mantel, die Frau sitzt auf einem Esel. Ganz offensichtlich Maria und Josef, die da unterwegs sind. Der Weg ist ihnen abgeschnitten durch die vielen Leute, die vor ihnen über den Zebrastreifen eilen.

So gesehen hat mein Bekannter natürlich recht. Wenn aus dem Schenken eine Pflichtveranstaltung wird, ein Kaufzwang, dann soll man es besser lassen. Aber das muß ja nicht sein. Ich freue mich jedenfalls immer noch, wenn ich etwas geschenkt bekomme. Der Wert ist mir dabei ziemlich einerlei. Wenn das Geschenk nur sagt: Du bist mir etwas wert. Und das möchte ich mit diesem Geschenk ausdrücken.

Etwas zu verschenken macht übrigens nicht weniger Freude. Und zwar dann, wenn das Geschenk nicht aus irgendeiner Verpflichtung heraus geschieht, wenn man es schenkt ohne Hintergedanken, sozusagen aus Spaß an der Freude, einfach so. Dabei sind Wert und Größe völlig unwichtig. Wichtig ist nur, daß ich weiß: Ein Geschenk, und sei es noch so klein, will eine Brücke bauen von mir zu dir. Es sagt: Mein Geschenk ist ein kleines Stück von mir. Ich gebe es dir, weil du mir wichtig bist.

Wirklich zu schenken, ist alles andere als eine Pflichtübung oder gar ein Zwang. Schenken ist eine Kunst, und man braucht dazu, wie zu jeder Kunst, Phantasie. Die Phantasie nämlich, hineinzuschlüpfen in die Wünsche, die ein anderer in sich trägt. Übrigens, sich selbst beschenken zu lassen, ist keine geringere Kunst. Denn niemand ist so reich, daß er nicht auch arm wäre und bräuchte, was nur ein anderer Mensch geben kann. Und umgekehrt: Niemand ist so arm, daß er einem anderen nicht doch etwas von sich schenken könnte - etwas an Zeit, an Aufmerksamkeit, an Freundlichkeit.

Rudolf Atsma

In Windeln gewickelt

Und das habt zum Zeichen ...
keine Königskrone, keinen Thron, kein Schwert, keine Fahne,
keine Orden, keinen Bischofsring -
den Retter der Welt erkennt ihr an den Windeln,
in die ihn seine Mutter gewickelt hat:
Gott, der in Windeln liegt im kalten Stalle ...

Eine schier unbegreifliche Vorstellung.
Gott, der Schöpfer des Lebens,
groß, heilig, ewig, mächtig,
dieser Gott bleibt nicht für sich,
sondern kommt zur Welt
wie jeder andere Mensch auch.

Wie läßt sich das be-greifen?
Am besten, wir greifen nach dem Zeichen,
nehmen die Windel in die Hand,
berühren, be-greifen, spüren sie.
Und damit auch unsere Erinnerungen,
unsere Verletzungen, unsere Hoffnungen,
unsere Träume, unsere Fragen:

Wie lange ist es her, seit ich eine Windel in Händen hielt?

- Wie schnell werden doch Kinder groß,
und die kleinen Anfänge bleiben zurück,
unten, an den Stufen des Lebens ...

Ich selber habe auch mein Leben so begonnen,
so klein, so sehr auf Hilfe angewiesen.

Weich ist der Stoff, behutsam gewebt,
leicht zu zerreißen ... -

Wie viele Eltern auf der weiten Erde wären jetzt froh,
solche Tücher für ihre neugeborenen Kinder zu haben.

Windeln,
die not-dürftigste Bekleidung des Kindes in der Krippe
und wieder am Ende wie eine Windel um die Hüfte gelegt:
Lendenschurz des Gekreuzigten.

Und das habt zum Zeichen ...
So und nicht anders begegnet uns Gott.
So unseren Händen ausgeliefert,
so sehr darauf angewiesen,
von uns aufgenommen und geliebt zu werden.

Jürgen Kegler

Reise nach Bethlehem

Ich möchte Sie zu einer Reise einladen. Reiseziel: Weihnachten, genauer, Bethlehem. Sie müssen nicht allein reisen. Schauen Sie sich in der weihnachtlichen Reisegesellschaft um und begleiten Sie die Personen, die der Reiseveranstalter Lukas in seiner Weihnachtsgeschichte zusammengestellt hat. Vielleicht haben Sie sogar Lust, in eine der Rollen zu schlüpfen, also nicht einfach nur zuzuschauen, sondern dabeizusein. Und nun gute Reise! Und vor allem, gute Ankunft in Bethlehem!

Die erste Person, die Ihnen bei Lukas begegnet, ist die des **Kaisers Augustus**. Also, stellen Sie sich vor, Sie wären der Kaiser von Rom, Sie hätten alle Fäden der Macht in Händen. Wo Sie sich auch zeigen, die Menschenmassen jubeln Ihnen zu, vor allem, wenn Sie mit reicher Beute von den siegreichen Feldzügen heimkehren. Wenn Sie jemandem eine Audienz gewähren, können Sie die Anrede erwarten: „O göttlicher Augustus, Erhalter des Erdkreises, Imperator, Erhabener."

Falls Sie meinen, eine Steigerung hoheitsvoller Ergebung wäre nicht möglich, irren Sie, denn es folgt noch: „Herr und Gott." Also absolute Macht, auserwählt, der Götter Platz auf Erden einzunehmen. Mit Ihrem kleinen Finger können Sie ganze Völkerwanderungen auslösen, können Sie über Nacht befehlen, daß alle wehrfähigen Männer des halben Erdkreises registriert und alle Steuern neu festgesetzt werden! - Sie sagen, das würde Ihnen nicht gefallen, um alles in der Welt nicht? Oder doch mal den Rausch der Macht ein wenig kosten, nur ein ganz klein wenig?

Die zweite Person ist die des **Joseph**. Er ist das genaue Gegenteil. Er ist nicht reich, nicht mächtig, nicht beifallumrauscht. Er hat nur seine geschickten Hände, um seinen Zimmermannsberuf auszuüben. Freilich, wenn Sie es so gut machen wie Joseph, dann sind Sie ein geachteter Mann in Nazareth: Die Wohnungseinrichtung im Haus des Benjamin, die haben Sie gezimmert, das Dach bei Bartimäus, das haben Sie repariert! Gewiß, da springen keine Reichtümer heraus, aber auf Ihren guten Ruf können Sie schon stolz sein. Aber dann diese unsinnige Reise nach Bethlehem, 170 km, und das zu Fuß.

Nur weil der Kaiser mal wieder Geld braucht. Dieser Blutsauger! Das dürfen Sie aber - bei Ihrem Leben - nicht laut sagen! Andererseits, wer aus Nazareth darf sich schon rühmen, aus Bethlehem zu stammen! Wer kann schon den großen König David zu seinen Vorfahren zählen! - Vielleicht fügen Sie sich aber auch in das Unvermeidliche, denn gegen „die da oben" kann man sowieso nichts machen! Apropos, „die da oben". Daß Sie bei der Schwangerschaft Ihrer Verlobten, gelinde gesagt, vom Himmel übergangen wurden, das ist mehr als ärgerlich, das tut weh. Falls Sie sich jetzt von Maria trennen, würde das jeder verstehen. Oder würden Sie doch, wie Joseph, treu an ihrer Seite bleiben, weil Sie sie lieben?

Die dritte Person im Verlauf der Weihnachtsreise ist **Maria**. Ich gestehe, daß es mir schwerfällt, Ihnen ihre „Rolle" anzubieten. Nicht nur weil sie eine Frau ist und ich ein Mann. Es ist dieser geheimnisvolle Schleier, den der Himmel über ihre Person gelegt hat. Denn welchem Menschen öffnet sich schon der Himmel mitten im Alltag! Wem erscheint schon ein leibhaftiger Engel und sagt Worte, die jedes menschliche Fassungsvermögen übersteigen: *Sei gegrüßt, du Begnadete, der heilige Geist wird über dich kommen, und die Kraft des Höchsten wird dich überschatten* ... Das Kind, das sie zur Welt bringen wird, ist ihr Kind und soll zugleich Kind Gottes sein*: Sohn des Höchsten.* Kein Wunder, daß Maria eher von ungläubigem Erstaunen als von Freude erfaßt wird! - Und nun macht sich Maria mit Joseph auf die Reise. Sie ist eine von vielen, die unterwegs ist, mit einem Kind unter ihrem Herzen. Wahrscheinlich 15 oder 16 Jahre alt, eine blutjunge Frau also, fast selber noch ein Kind. Vielleicht ganz unbekümmert, praktisch, nüchtern: *Und sie gebar ihren ersten Sohn, wickelte ihn in Windeln und legte ihn in eine Krippe.* Ein Mädchen vom Lande, gesund, vital, voller Lebenslust. Eine Frau, die sagt: Das schaff' ich schon. Andere Frauen haben ihre Kinder unter ähnlich schwierigen Umständen zur Welt gebracht, und es ist gut gegangen. - Vielleicht ist Maria aber auch ganz anders, ängstlich, ein wenig wehleidig. Warum soll gerade ich die Auserwählte des Himmels sein? Hoffentlich stehe ich das alles durch, vor allem, wie mag das mit dem Kind werden? Irgendwo in der Fremde ein Kind zur Welt zu bringen, das ist kein Zuckerschlecken! Ob der Engel, der so große Worte für mich gefunden hat, auch seine Hand über mich halten wird, wenn die Wehen kommen? Gut, daß sie einen solchen Mann wie Joseph zur Seite hat! Aber eine Hebamme wird auch er nicht ersetzen können! - Sie merken, wie sehr ich zögere, Ihnen diese Rolle anzubieten, aber mit Maria mitzugehen, ihr beizustehen, das würde Maria guttun und - Ihnen auch!

Und nun bitte ich Sie, in Gedanken auf die Felder von Bethlehem zu gehen, wo Schafe und Ziegen im Pferch übernachten. Dort stoßen Sie auf die vierte Person, einen der **Hirten**, der gerade Wache hält in stockdunkler Nacht. Sein Lohn ist karg, sein Ruf ist schlecht, von den feinen Leuten will niemand etwas von ihm wissen. Und doch, bei all den schlechten Erfahrungen mit den Menschen - es ist schön, so mit der Natur verbunden zu sein, jedes der anvertrauten Tiere bei seinem Namen zu rufen, jeden Baum, jeden Pfad wie die eigene Westentasche zu kennen, nachts beim Feuer zu sitzen, den Gedanken nachzuhängen ... Wäre das eine Rolle, die Ihnen zusagt? Vorübergehend schon, sagen Sie? Aber was wäre, wenn sich auf einmal mitten in der Nacht der Himmel öffnete und ein überirdischer Chor den Frieden auf der Erde verkündete? Ob Sie sich voller Angst in einem Unterschlupf verkriechen und sagen: Laßt mich in Ruhe, ich habe genug mit mir selber zu tun? - Oder ob Sie sich doch auf den Weg zum Stall machen, nach dem Motto: Ich kann eh nichts verlieren, sondern nur alles gewinnen? Und dann *sehen Sie die Geschichte, die da geschehen ist.* Ist das nicht ein Wunder, ein richtiges Wunder? Ein Kind, unter primitiven Bedingungen geboren, aber es ist „alles dran", es lebt, hat Hunger, wird von seiner Mutter gestillt und gewickelt, auf jeden Fall schläft es glücklich in Josephs Armen (ja, warum nicht auch mal in Josephs Armen?). Was für ein schönes Kind! Aber würden Sie glauben können, daß gerade dieses Kind der Retter der Welt sein soll? Und dann sogar, wenn auch mit rauher Stimme, in den Jubel der Engel mit einstimmen? Oder eher verstummen, weil Sie das alles für einen schlechten Scherz halten?

Haben Sie schon eine Person gefunden, mit der Sie sich, wenigstens annähernd, identifizieren könnten? Wenn nicht, bitte ich Sie, gleichsam eine „Etage" höher, die Reise fortzusetzen, dorthin, wo sich der Himmel geöffnet hat. Sie können sich schon denken, was jetzt kommt: Ich lade Sie ein, ein **Engel** zu sein. Nein, nicht für die himmlische Welt, sondern für die ganz alltägliche Welt, in der Sie leben, mit ihren oft großen Sorgen und kleinen Freuden. Und Sie hätten die Aufgabe, eine unglaubliche Botschaft zu verkünden. Die Botschaft, daß Gott gut ist, einfach so, umsonst. Warum? Aus Liebe. Aber ob Ihnen das jemand glauben wird, fragen Sie? Ist diese Botschaft von Gottes Liebe so ganz einfach zu haben? Wer gibt mir schon etwas umsonst, wer fordert nicht eine Gegenleistung? Könnte am

Ende nicht alles eine böse Täuschung sein? Nun gibt es in Glaubensdingen zwar keine Garantie, aber „Zeichen“ schon. *Das Kind, in Windeln gewickelt und in eine Krippe gelegt,* ist Gottes Zeichen. Vielleicht ist Ihnen so ein neugeborenes Kind zu irdisch, zu gewöhnlich, aber der Himmel wird sich schon etwas dabei gedacht haben, wenn der große Gott ganz klein wird, wenn er sich sehen, hören und riechen, sozusagen anfassen läßt. Übrigens, Sie brauchen als Engel keine Angst zu haben, daß Sie allein sind. Der Himmel ist voller Engel, aber Gott braucht Sie auf der Erde, nicht nur beim Singen in der Heiligen Nacht, sondern auch beim Friedenstiften in den vielen unheiligen Tagen und Nächten, wenn sich der Himmel wieder geschlossen hat! Ich weiß, Engel haben es nicht immer leicht, aber wenn Sie ein solcher Engel sein wollen, dann müssen Sie ihn nicht spielen, sondern sein, einfach nur sein.

Nun könnten Sie vielleicht am Ende der Reise zu mir sagen: Lieber Reiseleiter, Sie haben aber eine Person vergessen, die wichtigste, nämlich **Jesus** selber. Ja und nein, antworte ich Ihnen. Ja, weil diese „Rolle“ schon durch Gott selbst besetzt ist. Dieses Vorrecht läßt er sich nicht nehmen. Nein, antworte ich zugleich, ich habe das Jesuskind nicht vergessen, denn es ist selber das Ziel unserer gemeinsamen Reise, nicht nur durch die Weihnachtsgeschichte, sondern durch unser ganzes Leben. Wer wir auch sind und wie wir auch sind, Kaiser oder Bettler, arm oder reich, alt oder jung, wir können kommen. Noch liegt das Kind in der Krippe, aber bald wird es Sie und mich fragen, ob wir selber seine Krippe sein wollen. Sie merken, die Reise nach Bethlehem kann beginnen, wirklich beginnen! Und Sie und ich, wir werden erwartet.

STEFFEN BAUER

Das eine wirft Licht auf das andere

WER AN WEIHNACHTEN die Geburt dieses Kindes feiert, darf in seiner Freude dessen weiteren Weg und das Ende dieses Weges nicht aus den Augen verlieren. Allein wegen dieses Weges feiern wir Weihnachten. Ohne diesen weiteren Weg, also letztlich ohne Karfreitag und Ostern, gäbe es vielleicht noch die Erinnerung an den „guten Menschen von Nazareth", möglicherweise auch an einen Märtyrer namens Jesus, der für eine gute Sache sein Leben gab, aber dieses Kind und diesen Weg des Kindes, den gab und gibt es nur einmal.

Wer an Weihnachten die Geburt dieses Kindes feiert, der hört die Stimme des Engels immer wieder neu: *Euch ist heute der Heiland geboren.* Und - leise - hoffentlich auch die letzten Worte des dann erwachsenen Mannes: *Mein Gott, mein Gott, warum hast du mich verlassen?* Wer beides hört, der feiert Weihnachten nicht an der Oberfläche, sondern in der Tiefe; dort, wo zur Sprache kommt, wie der Mensch nun einmal ist, und dort, wo zur Sprache kommt, wie Gott ist. Die Krippe und das Kreuz - das eine wirft Licht auf das andere.

Wer den Zusammenhang von Weihnachten, Karfreitag und Ostern erkennt, der weiß, wie Gott sich in unser Leben einmischt: Im Schreien des Kindes will er uns für sich und das Leben begeistern, im Schrei des Menschen am Kreuz nimmt er teil an der Zerbrechlichkeit und Gefährdung dieses Lebens. Im Schreien des Kindes, das zur Welt kommt, weiß Gott um unsere Gefühle der Liebe, wenn menschliches Leben zu atmen beginnt, im Schreien des Mannes am Kreuz wird deutlich, daß Gott um unsere Gefühle des Hasses weiß, der einen Menschen töten kann.

An Weihnachten beginnt Gott sein Leben in Jesus von Nazareth, am Karfreitag beenden Menschen dieses Leben auf brutale Weise. Aber an Ostern spricht Gott sein „Ja" zum Leben unverbrüchlich noch einmal aus. Dieses „Ja" gilt es zu hören, schon und gerade an Weihnachten, um Mut zu fassen, dem Leben dieses Kindes zu folgen, auch über die Weihnachtstage hinaus. So lädt Gott uns ein, damit unser Leben noch einmal beginnt. Und so laßt uns die Stimme des Engels hören, *denn euch ist heute der Heiland geboren.*

Rudolf Atsma

Haus des Brotes - Bethlehem

Aus Bethlehem sollte er kommen. Das war schon immer klar. Hier in Bethlehem hatte einst der Priester Samuel den Jüngsten der Söhne Isais, den noch gänzlich unbekannten Knaben mit Namen David, zum König gesalbt, hier in Bethlehem, wahrlich einem der kleinsten Dörfer in ganz Juda. Aber immerhin David. So fragwürdig seine Herrschaft auch gewesen sein mag, er kam aus Bethlehem. Und noch lange, nachdem Israel fast schon untergegangen war, blieb die Hoffnung lebendig: Eines Tages wird Gott wieder einen schicken wie David; einen, der Rettung bringen wird aus allen Zwängen, allen Dunkelheiten und aller Lebensnot, einen Gesalbten wie David, den Messias. Eben darum: Bethlehem.

Kein Wunder also, daß die Geschichte von der Geburt Jesu eben hier spielt, ja spielen muß. Mögen noch so kluge Wissenschaftler die These vertreten, Jesus sei wahrscheinlich in Nazareth geboren, sie werden diesem winzig kleinen Dorf namens Bethlehem sein Geheimnis doch nicht nehmen können.

Beth-lehem, in diesem Namen verstecken sich zwei hebräische Wörter, beide ebenso kennzeichnend wie wegweisend für die Geschichte des Kindes, dessen Geburt da erzählt wird. „Beth“ bedeutet „Haus“, „lechäm“ heißt zu deutsch „Brot“. Haus des Brotes also, Brothaus: Bethlehem. Hätte es einen besseren Ursprungsort für diesen Jesus, den man später den „Christus“, also den Messias nennen wird, geben können? Ihn, der so vielen Menschen „Brot des Lebens“ war und ist - bis heute?

Kaum eine Schrift auf der Erde birgt ja so viele Geheimnisse wie die hebräische. Jeder Buchstabe ist Zeichen und Zahl zugleich, jede Linie ist bedeutsam. Eine Linie fließt sichtbar von oben hinunter und fußt auf dem starken, unten querliegenden Fundament. Dieses Haus verbindet also Himmel und Erde, vor allem aber bietet es Raum zum Leben an. Das Haus des Lebens, Beth, hat eine offene Tür, anders als die vielen verschlossenen Türen und Herzen in unserer Welt.

בּ

Ich bin eingeladen, hier wie in der Weihnachtsgeschichte selbst, einzukehren und meinen Platz zu finden. Da ist keine Kleiderordnung vorgeschrieben. Da kommen nicht nur die besseren Herrschaften zusammen. Da gibt es nicht nur weiße Westen. Da riecht es nach Mist und Eau de Cologne. Im Hause Gottes darf man seine Titel, Orden und Ehrenzeichen an der Garderobe abgeben und ist willkommen unter Hirten, Spöttern und Frommen, Tauben und Blinden, eingeladen von dem Kind, das alle zu sich ruft.

Letztlich ist es dieses Geheimnis Bethlehem, das Menschen an Weihnachten immer wieder in Bewegung bringt, um *die Geschichte zu sehen, die da geschehen ist.* Deshalb kommen auch wir aus unseren Häusern hierher, in diese Kirche in unserem Dorf, das für ein paar Stunden zu „Bethlehem", zum „Brothaus" wird. Eingekehrt und zugleich auch heimgekehrt. Bei allen Fragezeichen, aller Kritik an den leer gewordenen Formen der Kirche, bei allem Suchen nach einem eigenen Weg zum Glauben - tief im Innern begleitet diese Sehnsucht nach Geborgenheit, nach „Heim-kehr" wohl alle Menschen.

„Beth-lehem" - Haus des Brotes, Haus der offenen Tür, Ort zum Sattwerden. Eine kleine Geschichte soll erzählen, wie Bethlehem mitten unter uns liegt: Im Winter 1945 hatte der Gründer der Taizé-Gemeinschaft, Roger Schutz, Kontakt aufgenommen zu einem Lager mit deutschen Kriegsgefangenen, etwa 10 km von Taizé entfernt. Er lädt sie zu den gemeinsamen Gebeten ein.

Als dann Weihnachten naht, bereiten die Brüder von Taizé ihren Gästen einen bescheidenen, aber herzlichen Empfang: Sie decken den Tisch mit dem wenigen, was sie haben, und für jeden Deutschen ist noch dazu ein kleines Geschenk vorbereitet. Die Geschichte geht weiter: 50 Jahre später findet in Stuttgart das große europäische Jugendtreffen mit 1000 000 Gästen aus aller Welt statt. Es werden dringend Übernachtungsmöglichkeiten gesucht.

Da meldet sich ein 80jähriger Mann: „Ich habe in der Zeitung den Namen 'Taizé' gelesen", sagt er zu den Organisatoren, „wissen Sie, ich war damals, 1945, einer von den Gefangenen gewesen, die von den Brüdern von Taizé an Weihnachten herzlich aufgenommen wurden. Ich hatte das eigentlich schon vergessen, aber jetzt erinnerte ich mich wieder. Ich möchte gerne bei mir Jugendliche aufnehmen."

So konnten in seinem Haus drei Jugendliche aus Bosnien „einkehren". Beth-lehem, Haus der Einkehr, Haus des Brotes. Bethlehem in Frankreich, in Deutschland und überall dort, wo Menschen einander zu Brüdern und Schwestern werden, weil sie durch das Kind in der Krippe Gottes Kinder geworden sind. Gäste an seinem Tisch, in seinem Haus, im Haus des Brotes, in „Bethlehem".

Elisabeth Behle

Gottes Nähe in Bethlehem

Die Strasse nach Bethlehem war verstopft, denn viele wollten Weihnachten am richtigen Ort feiern. Die Stadt war mit bunten Lichterketten geschmückt, und überall waren Verkaufsstände aufgebaut, vor denen sich die Menschen drängten. Als sie sich den Weg zur Kirche durch die Menge bahnte, fing es an zu nieseln. Von den überfüllten Straßen um die Geburtskirche Jesu kam sie in ein ruhigeres Viertel. Trotz der Kälte spielten Kinder barfuß in den engen Gassen, von denen eine zu der kleinen Kirche der deutschen evangelischen Gemeinde führte. Die Kirche war ungeheizt. Weihnachten hatte sie bisher immer mit der Familie verbracht. Der Flug nach Hause war in diesem Jahr mit den geringen Mitteln einer Studentin nicht zu bezahlen. Sie hatte sich gut zugeredet: „Weihnachten ohne die Familie zu feiern, ist ein Schritt zum Erwachsenwerden."

Schnell füllten sich die Reihen. Die deutschen Urlauber in den Bänken hinter ihr beklagten sich laut über die Kälte und den Regen, den sie in Israel nicht erwartet hätten. In einer kalten, überfüllten Kirche den Weihnachtsgottesdienst feiern zu müssen, empfanden sie als Zumutung.

Aber dann, als der Gottesdienst begann und an dem kleinen Baum die Kerzen brannten, als sie die vertrauten Lieder und die so altvertraute Weihnachtsgeschichte hörte, da fühlte sie sich getröstet, über Nässe und Kälte hinweg. Sie dachte an Familie und Freunde und fühlte sich verbunden mit dem Kind in der Krippe. War Bethlehem nicht auch damals eine überfüllte Stadt gewesen? Wie sehr erinnerte sie das naßkalte Wetter an die Weihnachtsabende zu Hause. Machte es einen Unterschied, wo man das Fest feierte, in Jesu orientalischer Geburtsstadt oder im verregneten Deutschland? Gibt es einen „richtigen" Ort für Weihnachten? Erst jetzt fühlte sie, daß es Weihnachten wurde. Sie spürte etwas von Gottes Nähe. In dem Kind war er zu den Menschen gekommen. Ihre Einsamkeit war verflogen. Weihnachten, dachte sie, kann es auch weit weg von zu Hause werden, in einer kalten, überfüllten Kirche in Bethlehem.

HEINRICH BORNKAMM

Gottes Bild

DIE WEIHNACHTSGESCHICHTE, die wir in diesen Tagen wieder lesen, ist uns lieb wie ein altes vertrautes Märchen. Wir lieben die Märchen, weil in Poesie verhüllte Weisheit in ihnen ist. Das macht ihren Zauber aus. Darum gehört für unzählige Menschen auch die Weihnachtsgeschichte zu der Verzauberung durch die Weihnachtszeit, der wir uns so gern hingeben. Sie trägt uns wie die Märchen zurück ins Kinderland, wo Traumwelt und Wirklichkeit noch nicht geschieden waren. In Erinnerung an unsere Kindheit und angesteckt von dem Jubel unserer Kinder feiern wir diese seltsamen Tage.

Aber heißt das Weihnachten feiern? Unsere Welt ist alles andere als eine Märchenwelt. Was soll uns da noch ein tiefsinniges Märchen? Ja, manchmal mag uns dies von Poesie umwobene, tausendfach gemalte und besungene Bild von dem Kinde in der Krippe, den Hirten und den Engeln fast wie ein Hohn auf unsere Welt vorkommen. Gerade die Verzauberung dieser Tage macht sie so fremd in unserem Leben. So sehr wir uns auf sie freuen, so schnell vergessen wir sie auch, wenn der Alltag wieder an unsere Tür klopft und mit dem vor uns stehenden neuen Jahre neue Aufgaben, Pläne und Sorgen auf uns warten. Wenn wir die Spannung zwischen diesem Bilde und der wahren Welt nicht einfach abschalten, sondern sie bewußt durch uns hindurchgehen lassen, dann ist uns statt der Hirtenlieder wohl mehr nach dem Schrei des Propheten zumute: *Ach, daß du doch den Himmel zerrissest und führest herab* (Jes. 64,1).

Aber der Himmel zerreißt nicht. Nur die Erde scheint immer tiefer zu zerreißen. Völker sind widernatürlich zerrissen, auch unseres. Waffenstarrende Machtblöcke, Wirtschaftssysteme und Weltanschauungen stehen unversöhnlich gegeneinander. Während Unsummen von Geld und Erfindungskraft für Rüstungen ausgegeben werden, die an den Wahnsinn der Verzweiflung grenzen, leben Völker in bitterer Armut und sterben jährlich Tausende von Menschen an Hunger. Aus all den Rissen, welche die Welt durchziehen, dringen wie aus den Spalten eines Vulkans Giftdämpfe von Mißtrauen, Lüge und Haß und verpesten das Denken der Menschheit wie noch nie in ihrer Geschichte. Das Hamlet-Wort: „Die Zeit ist aus den Fugen“ wird immer wahrer. Die Welt segelt dahin wie ein Schiff mit verschobener Ladung, und wir bangen alle vor dem Sturm, der es endgültig umschlagen läßt. Wer davor nicht nur ein paar Feiertage lang die Augen verschließt, dem scheint Weihnachten ferner und ferner zu rücken und die Botschaft von der Liebe und dem Frieden auf Erden immer unwirklicher zu werden.

Und doch sollte sie uns dadurch immer wirklicher werden. Denn für diese Welt ist sie bestimmt, nicht für eine erträumte oder poetisch verklärte. Die Risse in der Welt sind nicht nach Gottes Willen; der Mensch ist an ihnen schuld. Der Mensch, der nach Macht verlangt und doch seiner selbst nicht mächtig ist, der Welt Ordnungen zu geben unternimmt und doch sein eigenes Leben nicht in Ordnung halten kann. Diesen Menschen sucht Christus, der zur Weihnacht in die Geschichte der Welt eingetreten ist. Er will ihn heilen und wieder zu sich selbst bringen.

Der Mensch war Gottes Bild,
Weil dieses Bild verloren,
Wird Gott ein Menschenbild,
In dieser Nacht geboren.

So spricht der große Barockdichter Andreas Gryphius das Weihnachtsgeheimnis in größter Konzentration aus. Von dem verlorenen Gottesbild zeugt die ganze Schöpfung, die Gott uns anvertraut hat und die wir, statt sie nur zu pflegen und zu bewahren, ausgeplündert und höchst erfolgreich nach Kräften der Zerstörung abgesucht haben. Nicht im Sinne Gottes, sondern im Sinne des triumphierenden Mephisto: „Die Elemente sind mit uns verschworen, und auf Vernichtung läuft´s hinaus.“ Und von dem verlorenen Ebenbilde Gottes zeugt jedes Blatt der Weltgeschichte und - wer kann es leugnen? - unser eigenes Leben. Durch bloße Appelle, durch neue Ideen, durch feierliche Selbstverpflichtungen ist der Menschheit nicht zu helfen. Weihnachten bedeutet die unglaubliche Tatsache, daß Gott selbst das verlorene Ebenbild wiederhergestellt hat - in einem Menschen wie wir. Dies „wie wir“ will die Weihnachtserzählung ausmalen. Diejenigen, die das menschliche Leben in seinen Tiefen kennen: die Armen, Heimatlosen, bei denen mit dem Glück an ihrem Kinde auch die Sorge einkehrt, sollen sich zuerst darin wiederfinden. Darum sind die Notzeiten die wahren Weihnachtszeiten. Es bedarf in äußerlich ruhigeren und reicheren Zeiten einer sehr bewußten Sammlung auf diesen Kern der Weihnachtsbotschaft. Und je schwerer uns eigenes Leid oder das Leid der Welt bedrückt, um so mehr sind wir von ihr gemeint.

"Gott ein Menschenbild", - das wird uns immer unverständlich bleiben, wenn wir es als eine dogmatische Formel nehmen. Es ist nichts anderes als die Aufforderung, die sich die Hirten untereinander zurufen: „Laßt uns nun gehen und sehen ...." Daß im Angesichte Jesu Christi das Ebenbild Gottes aufleuchtet, können wir nicht ausdenken, sondern nur sehen. Wir müssen nur mit offenen Augen kommen, ohne Vormeinungen, ohne Verlangen nach theoretischen Lösungen. Die Gottesvorstellungen, die wir aus der Geschichte der Philosophie oder der Religionen mitbringen, stehen uns dabei oft im Wege. Hier geht es nicht um unser Denken, sondern um eine Erkenntnis des Herzens, die viel tiefer greift. Gottes tiefstes, alles umfassendes Wort an uns ist ein menschliches Wort, eine bindende Zusage in der Gestalt eines Menschen. Nicht Naturgesetze und Geschichtsereignisse sprechen Gottes ganzes Geheimnis aus, sondern dies Leben, das voll ist von seinem Leben. An diesem Bilde allein können wir uns in den Wirrnissen unseres eigenen Herzens und der Welt wieder zurechtfinden. Näher kann uns Gott nicht kommen. Hier ist sein Herz, Christus „der Spiegel des väterlichen Herzens", wie Luther ihn nennt.

In dies Leben ist alles eingeschlossen, was sich als Wand zwischen uns und Gott auftürmt: Armut und Ungerechtigkeit der Welt, Sünde, Leiden, Sterben. Jesus Leben verläuft nicht außerhalb dieser Realitäten unseres Lebens, sondern es läuft durch sie hindurch. Seine Liebe umfaßt alle diese Nöte. Er möchte sie verwandeln, indem er zuerst uns wandelt in das verlorene Ebenbild.

Wie nahe Weihnachten und die Not der Welt zusammengehören, davon zeugt kein Weihnachtslied eindringlicher als „O du fröhliche", das wir so leichtbeschwingt und oft so gedankenlos singen. Sein Verfasser, Johann Daniel Falk, hatte als junger Dichter am Weimarer Hof gelebt; ein fröhlicher, spottlustiger Geselle, der sich durch eine kecke Dichtung einmal den Zorn Goethes zuzog. Aber dann war der Ernst des Lebens über ihn gekommen, der ihn zum Manne machte. Seit Napoleons Zusammenbruch in Rußland zogen - wie immer in den Kriegen - Scharen von Flüchtlingen den Heeren voraus, darunter eine große Zahl von Kindern, die Heimat und Eltern verloren hatten. Viele sehen ihr Elend, aber er allein nahm sich ihrer an und sammelte sie zu Hunderten um sich. Er mußte furchtbare Opfer bringen Die Pest, der andere schauerliche Begleiter der damaligen Kriege, nahm ihm in drei Monaten vier seiner eigenen Kinder, später noch zwei. Aber er erlahmte nicht, sondern von Särgen wehte ihn, wie er schreibt, der feurige Atem Gottes an. Er wandte sein Herz um so mehr den Heimatlosen zu. Viele nahm er in sein Haus, andere brachte er bei Bauern und Handwerkern unter. Schließlich schuf er unter nicht abreißenden Schwierigkeiten sein Waisenhaus, das segensreiche Vorbild für Wicherns Rauhes Haus und viele ähnliche Anstalten. Für diese aus dem Elend geretteten Kinder hat er gedichtet: *Welt ging verloren, Christ ward geboren.*

Das verlorene Ebenbild und die verlorene Welt hängen zusammen. Die Welt sähe anders aus, wenn wir mehr von unserer Bestimmung wüßten, Gottes Bild zu sein. Diese stillen Tage, in denen auf eine geheime Verabredung der Lärm der Politik und des Konkurrenzkampfes in einem großen Teil der Erde einmal schweigt, geben uns eine Ahnung davon, wie es in der Welt unter der Herrschaft der Liebe Christi zugehen könnte. Wir wissen genau, daß es nicht so bleibt und daß es nicht in unserer Macht steht, das zu ändern. Aber wir haben jeder unsere eigene kleine Welt: Familie, Beruf, Freunde und vielleicht auch Feinde, Pläne, Wünsche, Sorgen, Pflichten, äußere und innere Lasten. Wir können in der großen Welt wenig tun. Aber an unserer eigenen, begrenzten Welt, die uns anvertraut ist, kann etwas davon sichtbar werden, ob wir wahrhaft Weihnachten gefeiert haben. Die große Welt ist eine Summe der kleinen. Je mehr heile, von Liebe und Verantwortung durchwaltete Lebensbezirke es gibt, um so besser für ein Volk und für das Verhältnis unter den Völkern. Es gibt nicht nur eine Ansteckung durch den Haß und das Böse, es gibt auch eine Ansteckung der Freundlichkeit, Menschlichkeit, der Opferbereitschaft.

Aber sie kommt nicht aus unserer eigenen Kraft. Ohne das sichtbare Ebenbild, durch das Gott in unsere Welt eingetreten ist, fänden wir nie einen Weg ins Freie. Welchen wir auch zu gehen versuchen, er führt nach kurzem immer wieder in das Dickicht unserer menschlichen Leidenschaften und Schwächen. Aber Christus ist nicht nur einmal gekommen und ist kein fernes, unerreichbares Bild, vor dem wir hilflos verzagen müßten. Er kommt immer wieder, zwar unsichtbar, aber wirklich. Daß Weihnachten jährlich wiederkommt, ist nicht nur eine Sache des menschlichen Kalenders, sondern eine gnädige Hilfe Gottes.

Ohne daß wir gefragt werden, ist Weihnachten immer wieder da. Es wäre uns oft nicht danach zumute. Aber es kommt mit der Kraft einer anderen Welt, die nach unserem Herzen greift. Es kommt in hellen und dunklen Stunden unseres Lebens, ob wir uns darauf freuen oder uns davor fürchten. Gott sei Dank, daß es von selber kommt und sich nicht von unseren Stimmungen und Wünschen abhängig macht. Gott bietet uns immer von neuem seine Hand, um das aus uns zu machen, was wir selbst werden möchten und doch aus eigener Kraft nie werden: Menschen nach seinem Bilde, *Menschen seines Wohlgefallens*, wie es genau übersetzt im Gesang der Engel in der Weihnachtsgeschichte heißt.

(Aus Heinrich Bornkamm, „Einkehr", Rundfunkbetrachtungen 1958, Vandenhoeck und Ruprecht)

Michaela Deichl

Christnacht

Du, Gott, laß diese Nacht zum Tage werden
mit deines Lichtes hellem Schein.
Wie bei den Hirten auf dem Felde
laß bei uns deine Engel sein.

Laß uns erleben, was sie uns verkünden:
Du bist uns nah und nicht mehr fern.
Wie viele Wege sind wir schon gegangen -
den wahren Weg weist uns dein Stern.

Du kamst als Kind in unser Leben,
bringst Liebe, Freundschaft, Offenheit.
Du willst, daß wir sie weitergeben
an alle Menschen unserer Zeit.

Laß Frieden in uns Wurzeln schlagen
in dieser friedensarmen Zeit.
Laß Liebe uns in Häuser tragen
statt Haß und Neid und Bitterkeit.

Verwandle uns und unser Leben
durch Liebe, Hoffnung, Zuversicht.
Hilf zu vergessen und vergeben,
den Weg dorthin zeigt uns dein Licht.

Was wir aus tiefstem Herzen wünschen,
das kann in dieser Nacht geschehn.
Wir sind vielleicht schon neue Menschen,
wenn wir ins Licht des Morgens gehn.

Gerhard Engelsberger

Die schönste Nacht der Rose

Oh, tut das noch weh! sagte der Zweig neben mir. Schluchzen und Schweigen. Kleine Tränen tropften von seiner Wunde auf den Boden. Ein harter Boden. Wie überhaupt das Leben hart war. Hinter uns dieser Berg aus Steinen. Aufgehäuft. Steine, die man in der Erde fand. Die störten das Wachstum der Weinstöcke. Das war ihm wichtig. Die Weinstöcke und der Verdienst. Aber was ist mit uns?

Der Zweig neben mir war wieder verstummt. Nie mehr würde er so sein wie früher. Vielleicht ein neuer Trieb. Vielleicht braun nach dem Winter. Wißt ihr, wir fürchten uns vor den Schnitten der Menschen. Sie töten uns mit einem einzigen Schnitt. Aus Liebe, sagen sie.

Wenn nur der Rest des Zweiges neben mir aufhören würde zu weinen. Dann könnte ich besser erzählen. Man muß wirklich vorsichtig sein, heutzutage. Sie sind schnell mit dem Messer und flink mit der Schere. Ein Dorn zuviel oder etwas schräg gewachsen oder ein wilder Trieb. Furchtbar muß sie das treffen. Und deshalb schneiden sie uns. Schnell und glatt. Das haben sie gelernt. Auch die Messer sind besser als früher. Es geht einfach alles schneller. Aber das ändert nichts.

Ja, ich weiß, ich komme ins Plaudern. Das ist nicht gut. Ich hab' nicht viel Zeit.

Jedenfalls war es in jener Nacht wie ein Wunder. Damit ich zum Thema komme. Menschen, Menschen, Menschen. Wie soll ich einfache Rose unterscheiden! Mann, Weib, Greis oder Kind - sie schneiden uns alle, töten uns alle, biegen uns gerade, düngen und kreuzen, versetzen und stechen. Jedenfalls irgendetwas machen sie immer. Und wenn sie fertig sind, sind wir tot und sie stolz. Sie nennen das veredeln. Vielleicht haben sie recht. Aber wir sehen das anders.

In dieser Nacht geschah ein Wunder. Nicht nur, daß da ein Riesenklotz von Stern am Himmel hing. Fast so, als wolle er die Nacht zum Tag machen. Nicht nur, daß da Menschengetrampel und Menschengerede den ganzen Tag zu hören waren ... Unsere Schwestern, die Gräser, schrien um Erbarmen, doch keiner hörte sie. Und - Gott sei's gedankt! - es wurde doch Abend. Trotz der Helligkeit des Sterns. Und trotz dieses wichtigen Durcheinanders.

Da geschah es. Und nur, weil es geschah - oder besser: weil es nicht geschah -, kann ich überhaupt noch erzählen. Da kamen fünf Menschen, weiß ich's, ob Mann oder Frau, ob Kind oder Greis. Sehr müde und abgespannt, sie waren aufgeregt, sie rochen aufgeregt. So riecht keiner aus der Stadt. Wohin die jetzt noch gehen? dachte ich bei mir und erschrak, als einer den anderen fragte: Und wenn die Engel recht haben? Und wenn der Erlöser kommt in dieser Nacht? Und wenn wir ihn da drin finden - was können wir ihm schenken? Was bringen wir ihm mit? Und ein anderer sagte: Nichts hab' ich. Nichts hab' ich, wenn der Erlöser kommt und die Engel recht haben. Nichts hab' ich. Schneid' mir wenigstens die Rose da drüben ab.

Die Rose da drüben.

Kennt ihr das Gefühl? So kurz vor dem Schnitt, wenn du den Menschen schon riechst, das Metall schon ahnst, so kurz vor dem Entsichern der Gartenschere? Kurz davor der Schweißausbruch, den keiner sieht. Ihr redet von Duft. Oh je. Ihr habt nie eine Rose gerochen, ungeschnitten, in Freiheit. Zwischen Bruderzweig und Schwesterzweig. Zwischen Erde und Himmel. Doch es kam alles anders. Nicht so, wie meine Zweigväter und Zweigmütter erzählten. Nicht kurz und kalt und schnell, dann die wenigen Tränen, Tropfen auf Stein und Boden, und das braune Absterben.

Schneid' mir wenigstens die Rose da drüben ab!

Ich weiß, das bin ich. Mitten in der Nacht. Ohne diesen Stern hätten sie mich nicht einmal gesehen. Ach nein, höre ich eine Stimme. Du hast immer noch nicht begriffen, sagt da Mensch zu Mensch. Willst du Gott beschenken mit einer Rose aus seinem Garten? Willst du wirklich Gott beschenken mit einer Rose, die er wachsen ließ in seinem Garten? Und dann wurden die Schritte leichter und die Stimmen leiser.

Eine Rose aus seinem Garten, dachte ich. Wessen Garten? Es muß ein wundervoller Mensch sein, um dessentwillen man die Rosen schont. Es muß etwas Großartiges sein. Ich versteh' das nicht. Ich weiß nur: Mich hat keiner geschnitten in dieser Nacht. Sonst könnte ich nicht erzählen.

Es muß ein wundervoller Mensch sein, um dessentwillen man die Rosen schont.

Michaela Deichl

öffnungszeiten

viele geschäfte
noch immer geöffnet
während bäume geschmückt
enten gebraten
lieder gesungen werden

kirchen geöffnet
heute bis spät in die nacht
schnell wieder heim
essen
schenken
fernsehen

und die herzen
die ohren
die augen
geöffnet genug
für das wunder der heiligen nacht

zuletzt doch
geöffneter himmel
herab fällt
licht
liebe
neubeginn

öffnung nach oben
offen
offenbar
offenbarung

Erich Esslinger

Es begab sich aber

Es begab sich aber ..., so beginnt die Weihnachtsgeschichte des Lukas in der Übersetzung Martin Luthers. Ich hatte Schülerinnen und Schüler der 11. Klasse gebeten, ein Wort zu nennen, das ihnen wichtig wäre. Das Wort „Friede“ wurde von den meisten genannt, danach „der Engel“, die „Furcht der Hirten“, „große Freude“, nur Stefan zögerte noch, doch dann gab er sich einen Ruck und sagte ebenso entschlossen wie bedeutungsvoll: „Aber - mein Wort heißt: aber.“ „Wie kommst du denn darauf?“ wollten die anderen wissen. Stefan räusperte sich etwas und meinte dann, ihm sei ja nur aufgefallen, daß an den wichtigen Stellen bei Lukas immer „aber“ stehe. Das sei halt nur so dahingesagt, meinte jemand. Dann haben wir die Weihnachtsgeschichte noch einmal gelesen, und zwar als „Aber-Geschichte“: „*Es begab sich aber ..., die Hirten aber ..., Maria aber ...*“ Da müsse mehr dahinterstecken, meinte jetzt auch Melanie, ja, selbst da, wo „und“ stehe, könnte man eigentlich auch „aber“ lesen. Die Weihnachtsgeschichte, die reinste „Aber-Geschichte“! „Ist doch irgendwie subversiv oder?“ meinte Stefan. Alle lachten, denn das war Stefans Lieblingswort.

Eine ganze Stunde lang war das kleine „aber“ unser Thema. Ich staunte, was da alles an Entdeckungen zusammenkam. Weil ich das nun nicht von jeder Religionsstunde behaupten kann, erzähle ich Ihnen gern davon. Und am Ende der Stunde meinte eine Schülerin, falls ich noch kein Thema für Weihnachten hätte, könnte ich doch mal „'ne richtige 'Aber-Predigt' halten“! Das wäre doch mal „was anderes“! Und eben das möchte ich jetzt tun. Die folgende „Aber-Predigt“ hier in der alten Dorfkirche in Gauangelloch, liebe Gemeinde, ist zugleich ein kleiner Dank an meine Schüler/innen am St. Raphael in Heidelberg, die mich die alte Weihnachtsgeschichte ganz neu zu sehen gelehrt haben!

In der Tat, warum heißt es nicht: „Von der Geburt Jesu ist folgendes zu berichten“? Statt dessen: *Es begab sich aber* ... Wieso dieses „aber“? Rufen wir uns in Erinnerung: Da inszeniert der Kaiser Augustus, der mächtigste Mann des Römischen Imperiums, eine Volkszählung, um alle Untertanen seines riesigen Reiches steuerlich zu erfassen. Es ist klar, er braucht Geld! Doch vor allem geht es ihm um die Demonstration seiner Macht! Und wer muß die Zeche zahlen? Die Kleinen, wie immer. Da kommt nun ein gewisser Lukas daher und sagt fast beiläufig: *Es begab sich aber* ... Er meint vielleicht: Es gibt nun mal Zwänge im Leben, die sind unausweichlich, und beim Geld hat noch nie ein Machthaber Spaß verstanden! Wenn du überleben willst, ist es ein Gebot der Klugheit, klein beizugeben. Heißt es deshalb „aber"? Natürlich, auch Joseph und Maria wollen überleben. Deshalb tun sie, was der Kaiser befiehlt. Sie machen sich auf den langen Weg von Nazareth nach Bethlehem, der „Stadt Davids", mindestens 14 beschwerliche Tagesreisen weit, um sich dort in die Steuerlisten eintragen zu lassen. *Es begab sich aber* ... Daß Joseph ein Nachfahre des großen Königs David ist, wen interessiert das schon in Rom! Augustus, selbst ernannter „Herr und Gott", hat ganz andere Interessen! Wollte man das Wörtchen „ABER" durchbuchstabieren, dann lautet der erste Buchstabe „A", A wie Augustus.

Oder gibt es doch noch etwas Wichtigeres auf der Welt als Augustus und sein Imperium? *Es begab sich aber* ... Auf einmal ist nicht mehr von dem Imperator Augustus die Rede, sondern von kleinen Leuten namens Joseph, Maria und einem Kind, das zur Welt kommen soll. Eine private Familiengeschichte, banal genug, legt sich quer zur großen Weltgeschichte. Nicht mehr Rom ist im Brennpunkt des Geschehens, sondern ein winziges Nest namens Bethlehem. *Es begab sich aber* ... Auf einmal bekommt das kleine „aber" etwas Provozierendes, ja, Subversives, wie Stefan es formulierte. Warum gerade Bethlehem? Weil Gott seine Verheißungen zwar manchmal verzögert, „aber" nicht vergißt. Und eine davon hat er an das kleine Bethlehem gebunden: *Und du, Bethlehem, die du klein bist unter den Städten Judas, aus dir soll mir der kommen, der in Israel HERR ist* (Micha 5,1). Rom, die Hauptstadt der Welt, mag sich noch so sehr im Glanz kaiserlichen Ruhmes sonnen, „aber" in Bethlehem wird eine andere Sonne aufgehen!

Es begab sich aber - die Geschichte eines Kaisers, der meint, die ganze Welt im Griff zu haben, wird gleichsam unterlaufen durch die Geschichte eines Kindes. Augustus also nur scheinbar der Herr? Auf jeden Fall kann der Gegensatz nicht größer sein: Hier Rom, dort Bethlehem. Hier der Palast, dort ein Stall. Hier der Kaiser, dort ein Kind. Der zweite Buchstabe von „aber" lautet „B", B wie Bethlehem. Aber was wird Bethlehem der Hauptstadt Rom entgegenzusetzen haben? Wie wird Gottes „aber" aussehen? Die „Aber-Geschichte"

Gottes hat schon längst begonnen und sie geht weiter: *Aber als sie dort waren, kam die Zeit, daß Maria gebären sollte.* Trotz Mühsal und Entbehrung - „aber". Neues Leben als Gegenbewegung gegen das alte! *Aber Maria ward schwanger und gebar ihren ersten Sohn und wikkelte ihn in Windeln und legte ihn in eine Krippe, denn sie hatten sonst keinen Raum in der Herberge*, steht da wörtlich in der Weihnachtsgeschichte. Keine Herberge, keine Unterkunft für eine schwangere Frau, alles ist hoffnungslos überfüllt. Jeder ist sich selbst der Nächste, aber irgendjemand erbarmt sich ihrer doch, irgendjemand überläßt dem Paar wenigstens den Stall. Nur ein Stall, gewiß, „aber" doch ein Dach über dem Kopf und eine Futterkrippe, um das neugeborene Kind hineinzulegen.

Szenenwechsel, doch die „Aber-Geschichte" geht weiter. In derselben Gegend *hüteten Hirten des Nachts ihre Herden.* Sie sind nicht nur tagsüber, sondern auch nachts für die ihnen anvertrauten Tiere da! Während der Respekt des Lukas vor den Hirten deutlich herauszuhören ist, sind diese in den Augen der Zeitgenossen nur Gesindel, „Abschaum". Und wenn schon die Gesellschaft mit ihnen nichts anfangen kann, was sollte da der Himmel mit ihnen anfangen! „Aber" gerade über ihnen geht der Himmel auf, gerade *zu ihnen trat der Engel und die Klarheit des HERRN leuchtete um sie.* Nicht den „Frommen", sondern den gesellschaftlich Gedemütigten und Abgeschriebenen öffnet sich der Himmel zuerst. Augustus, der Herr des Geschehens? Inzwischen hat ein anderer HERR die Regie übernommen. Der dritte Buchstabe des kleinen Wörtchens „aber" lautet, provozierend genug, deshalb „E", E wie Engel.

Was ist die Botschaft des Engels? Er verkündet den Hirten nicht das Ende ihrer Plackerei, nicht die Beförderung in den „Hohen Rat" von Jerusalem, „aber" er verheißt ihnen *große Freude, die allem Volk widerfahren wird, denn euch ist heute der Heiland, der Retter, geboren, welcher ist Christus, der Herr.* Was feiern wir eigentlich an Weihnachten? Gewiß, neben allem anderen auch den Geburtstag des Jesuskindes. Daß dieses Kind der Heiland und Retter der Welt ist, nehmen wir eher als fromme Zugabe in Kauf! „Freude allem Volk"? Kein Problem, so lange unsere Familienidylle nicht gestört wird! „Aber" der Engel hat eine andere Botschaft: *Euch ist heute der Retter geboren,* das ist das Entscheidende. Daß dieser Retter ein Kind ist, erscheint fast wie eine Nebensache: *Und das habt zum Zeichen: Ihr werdet finden das Kind ...* Der Schöpfer der Welt wird ein kleines, hilfloses Kind, um die Welt zu retten. Gott wird ein Kind, damit wir wieder

Gottes Kinder werden. Der Himmel hat sich geöffnet, damit wir nicht mehr „unter uns“ sind und daran zugrunde gehen, sondern damit wir zu Gott finden und so auch zu uns selber. Der vierte und letzte Buchstabe des Wörtchens „aber“ lautet deshalb „R“, R wie Retter.

So viel Himmel war noch nie, so viel „Religion“ wie an Weihnachten gibt es das ganze Jahr über nicht zusammen! *Aber dann fuhren die Engel von ihnen gen Himmel.* Engel haben ihre Zeit, hinterlassen in unserem Leben manchmal unübersehbare Spuren, „aber“ dann schließt sich der Himmel wieder. Gewiß ist Weihnachten das Fest menschlicher Sehnsucht nach Religion, aber zugleich das Ende der Illusion, der Mensch könne Gott bei sich und in sich „haben“! Ob der Glanz von Weihnachten sich widerspiegelt im Alltag, muß sich zeigen, wenn der Himmel wieder geschlossen ist, also „nach“ Weihnachten: in unserer Familie, in unserem Beruf, in der Politik und auch in der Kirche. Hier muß sich irdisch bewahrheiten, was göttliche Verheißung ist: *Laßt uns nun aber nach Bethlehem gehen und die Geschichte sehen, die da geschehen ist, die uns der HERR kundgetan hat.* Nicht stehen, sondern gehen. Nicht glotzen, sondern sehen. Nicht nur diskutieren, sondern auch handeln. Nicht morgen oder übermorgen oder beim nächsten Weihnachtsfest nach dem Motto „alle Jahre wieder“ ist Gottes Heil angesagt, sondern heute und jetzt: *Aber sie kamen eilend*, heißt es ausdrücklich von den Hirten. Wer „Leben und Seligkeit“ (Luther) erlangen will, muß sich eilen, es könnte zu spät sein.

Und fanden beide, Maria und Joseph, dazu das Kind in der Krippe liegen. Nüchtern, fast sachlich werden die Eltern erwähnt und „dazu“, fast nebenbei, das Kind. Vom Heiligenschein des Kindes keine Spur. Für die Hirten ist allein wichtig, daß sich erfüllt, was der Engel ihnen zugesagt hat, daß sich, wenigstens dieses eine Mal, der Nebel der Ungewißheit lichtet und Gott sich finden läßt. Und das ist der Grund ihrer Freude: *Aber als sie es gesehen hatten, breiteten sie das Wort aus, das ihnen vom Kind gesagt worden war.* Welches Wort? Es ist das Wort, das in der Bibel „Evangelium“ genannt wird: Gott wird Mensch, bleibt nicht bei sich, sondern kommt zu uns. Und wir sind nicht mehr allein. Der Himmel geht über allen auf. Er hat einen irdischen Geruch, er hat Hände und Füße, Augen und Ohren, er riecht nach einem neugeborenen Kind! - Glauben als Privatsache? Wem sich der Himmel geöffnet hat, der kann diese Erfahrung nicht für sich behalten! *Aber als sie es gesehen hatten ...* Vieles wird so bleiben, wie es vorher war, und doch wird alles anders sein, weil sie selber andere geworden sind. Die Hirten, denen jede religiöse Schwärmerei fremd ist, gehen wieder dorthin zurück, wo der Alltag auf sie wartet: Schafe, Hunde und wilde Tiere: *Sie priesen und lobten Gott für alles, was sie gesehen und gehört hatten.* Sie denken nicht daran, ihren Herzen den Mund zu verbieten!

Und Maria? Nein, nicht „und“, sondern „aber“, denn es heißt ausdrücklich: *Maria aber behielt alle diese Worte und bewegte sie in ihrem Herzen.* Neun Monate hatte sie ihr Kind unter ihrem Herzen getragen, voller Ungewißheit und Angst, was aus diesem Kind einmal werden wird. Und nun die Kunde der Hirten: *Christ, der Retter ist da!* Ob sie sich auf die Erfüllung der Verheißung Gottes freut oder sie eher fürchtet? Wird sie das „aber“, das ihr Kind zu ihr einmal sagen wird, verstehen? Wird ihr Kind, zum Mann geworden, an dem „aber“, das ihm später einmal die Mächtigen dieser Welt tödlich entgegensetzen werden, zugrunde gehen? Wird Gott mit seinem „aber“ ihn, seinen Sohn, der Dunkelheit des Todes entreißen? Wird er durch ihn uns alle retten aus Schuld und Not, wird Gott mit seinem „aber“ auch bei uns bleiben, im Leben und im Sterben?

In der Welt habt ihr Angst, aber seid getrost, ich habe die Welt überwunden, sagt Christus. *Es begab sich aber* und begibt sich immer noch, daß Gottes Geschichte sich querlegt zur Machtgeschichte der Welt, daß sein liebendes „aber“, wenn auch heimlich und verborgen, „subversiv“, doch zum Ziel kommt, daß es aufrichtet, was am Boden liegt, und rettet, was verloren ist. *Es begab sich aber* und begibt sich immer noch: Gottes „Aber-Geschichte“ geht weiter. Gott schenke uns, daß Sie und ich, daß wir alle dabei sind! Amen.

Hans-Peter Held

Das kleine "nicht"

Es war einmal ein kleines Wörtchen namens "nicht". Keiner wußte, wie es in die Welt gekommen war. Obwohl es mit dem großen Nichts verwandt schien, war es doch da, unübersehbar, unüberhörbar. Aber keiner mochte es. Zwar war es in aller Munde, aber keiner schien es zu lieben. Wohin es auch kam, überall stieß es auf Ablehnung, Furcht, Widerstand. Und da, wo es willkommen geheißen wurde, benutzte man es nur, um zu verletzen.

Kam es in die Nähe von Kindern, griffen gleich die Nachbarn hastig nach ihm: "Nicht doch! Nicht erlaubt. Das darfst du nicht!" Kam es zu Menschen, die sich angestrengt und abgemüht hatten, wurde es oft als Keule benutzt: "Nicht gelungen! Nicht bestanden! Nicht geeignet!" Flüchtete es zu Menschen, die voller Hoffnung und Liebe schienen, die sich noch Träume erlaubten, mußte es schmerzlich miterleben, wie dem allem - mit seiner Hilfe - der Garaus gemacht wurde: "Kommt überhaupt nicht in Frage! Ist leider nicht möglich. Ich liebe dich nicht mehr!" Und manche benutzten es gar wie eine Droge, süchtig und verzweifelt: "Ich kann das nicht. Ich will nicht. Ich kann nicht mehr!"

Das kleine "nicht" konnte einem richtig leid tun. Es war doch eigentlich dazu da, Menschen fröhlich zu machen und nicht traurig, sie zu ermutigen und nicht klein zu machen. Es war nun selbst nahe am Verzweifeln. Gab es denn keinen Ort, an dem es willkommen war, wo es dringend gebraucht wurde? Das kleine "nicht" erwog ernsthaft, sich einfach aus dem Staub zu machen, für eine Weile jedenfalls, gleichsam in den Streik zu treten. Aber dann mußte es plötzlich daran denken, daß sich dann auch niemand mehr wehren könnte gegen das Böse, Widerstand leisten, "nein" sagen: "Nein, das tue ich nicht!" Auf einmal war dem kleinen "nicht", als ob ihm Flügel wüchsen, kleine Schwingen der Hoffnung. Noch konnte es nicht ahnen, daß es damit ganz nah an seinem ihm bestimmten und von ihm ersehnten Platz war.

Einer der Boten Gottes aber wußte es plötzlich. Er hatte nämlich von Gott den schwierigen, ja, schwerwiegenden Auftrag bekommen, den Menschen zu Weihnachten eine Botschaft zu bringen, die sie selbst verändern könnte und die Lage der Welt. Aber je intensiver er sich damit beschäftigte, desto mehr verzweifelte er an seiner Aufgabe: Wohin der Engel auch schaute, überall sah er Unzufriedenheit, geballte Fäuste, Gewalt, nackte Angst. Es war, als hätte eine unheilbare Krankheit die Erde angesteckt, eine Krankheit, die nur noch eine Parole kannte: "Fürchtet euch!" Als der Engel das kleine "nicht" sah, wußte er, was Gott von ihm wollte und wozu Weihnachten gut sein sollte. Er rief das kleine "nicht" zu sich, verlieh dem Winzling göttliche Autorität und schickte ihn mit seiner Weihnachtsbotschaft in das Dunkel der Welt. Und wo seitdem dieses *Fürchtet euch nicht* zu hören ist, atmen Menschen auf, werden sie von einer großen Kraft erfüllt, der Angst und der Gewalt zu widerstehen.

Zuweilen, besonders in der Zeit vor Weihnachten, kann es vorkommen, daß das kleine "nicht" sich sorgt, ob es stark genug bleiben werde. Dann zeigt ihm der Bote Gottes das kleine Kind in der Weihnachtskrippe, mit dem der Friede Gottes auf Erden begonnen hat und immer wieder neu beginnt. Dann schöpft es wieder Mut, für den Frieden einzutreten, den Frieden, der höher ist als alle menschliche Vernunft und stärker als alle Waffen, und es geht in die Welt mit dem göttlichen Ruf: *Fürchtet euch nicht!*

Bettina von Janson

Maria - Erinnerung an eine Mutter

„Ich sehe dich in tausend Bildern“, dieser Ausspruch des Dichters Novalis trifft auf Maria wie auf kaum eine andere Person der Geschichte zu.

Mir stehen zwei Bilder vor Augen, die von dieser Frau ganz unterschiedliche, sich ausschließende Seiten zeigen. Ein Fresko in einer kleinen Kirche auf Kreta zeigt Maria auf der einen Bildhälfte. Sie weint sich, völlig aufgelöst, die Augen aus: Maria - ein einziges Tränenmeer. Joseph, ihr den Rücken zudrehend, nach links abgewandt, grübelt mit verschlossenem Blick vor sich hin, ein Engel zwischen beiden berührt sanft Josephs Schulter.

Da ist also das blutjunge jüdische Mädchen, vielleicht 13 oder 14 Jahre, schwanger. Was mag wohl diese Nachricht in einem Dorf wie Nazareth ausgelöst haben, bei den Nachbarn, bei den Verwandten? Davon steht nichts in der Bibel. Wir hören nur von Josephs Reaktion, der erst auf Drängen des Engels hin die ihm Versprochene zu sich holt - voller Zweifel an seiner Vaterschaft. Unter diesen Umständen kann ich mir bei der Geburt eine eher angespannte Atmosphäre vorstellen, ganz abgesehen davon, daß eine Geburt zur damaligen Zeit immer ein bedrohliches Unterfangen auf Leben und Tod für Mutter und Kind war. Eine schöne Bescherung! Und wie bei so vielen Nachtgeschichten der Bibel eine gefährliche dazu - keine süßen Glocken, keine Familienidylle.

Und später? Maria, wahrscheinlich früh verwitwet, war auf den männlichen Schutz ihrer Söhne angewiesen. Doch gerade ihr ältester Sohn Jesus entzog sich dieser Aufgabe und verließ das Vaterhaus. Die Evangelien lassen keinen Zweifel daran, wie kritisch Jesus zur Institution Familie stand, ja, er definierte in geradezu provozierender Weise die Familie neu: Nicht die eigenen Eltern und Geschwister machen für ihn die Familie aus, sondern w*er den Willen meines Vaters im Himmel tut, der ist für mich Bruder, Schwester und Mutter* (Math. 12,50). Und doch, auch wenn Maria oft ebensowenig wie die Jünger seinen Weg verstand, *in ihrem Herzen bewahrte sie alle diese Worte.* Dieses Nichtverstehenkönnen, was für ein Schmerz muß das für sie als Mutter gewesen sein, und dennoch blieb sie ihm immer nahe, auch dann, als er, von allen verlassen und geschmäht, den Tod eines Verbrechers starb.

Ein anderes Bild von Maria begegnet uns im Lukasevangelium: *Meine Seele erhebt den Herrn, und mein Geist freut sich Gottes, meines Heilandes, denn er hat die Niedrigkeit seiner Magd angesehen* ... Das ist wirklich eine ganz andere Maria. Maria hat Gott als einen erfahren, der *die Mächtigen vom Thron stößt und die Niedrigen erhebt* (Lk. 1,52), der gerade den Unterdrückten Würde und Recht zurückgibt. Das ist die revolutionäre Grundmelodie ihres Lobgesangs: Weil Gott kommt, werden endlich diejenigen zu Subjekten ihres Handelns, die bisher immer nur Opfer gewesen sind. Wer auch immer, ob einzelne, Institutionen oder Weltanschauungen, diktieren will, was zu gelten hat - Gott stellt sich auf die Seite der Freiheit, so daß Bewertungsmaßstäbe und Beziehungsmuster verändert und aufgebrochen werden. Nicht von ungefähr finden wir in der „devotio moderna“, einer spätmittelalterlichen Frömmigkeitsbewegung, auch jenes Bild, auf dem zu sehen ist, wie Joseph das Feuer entzündet, die Suppe kocht und zusammen mit den Ammen die Windeln am Feuer trocknet. So wird auch an Joseph die Veränderung deutlich: Er wagt Neues, er setzt sich über den Verdacht der unrechtmäßigen Schwangerschaft seiner Frau und über die öffentliche Meinung, wie ein Mann eigentlich zu handeln habe, hinweg.

Aus den vielen Bildern tritt für mich die Maria hervor, die Trägerin der Hoffnung ist, die sich durch alle Schmerzen hindurch im Herzen bewegen läßt und die selber andere in Bewegung bringt. Maria, die Mitstreiterin für alle, die sich mit der herrschenden Gewalt nicht abfinden können.

Johannes Kühlewein

Joseph, der Mann im Schatten

Vom Kind in der Krippe, von Maria und den Hirten, vom Engel und seiner Botschaft war nun reichlich die Rede. Nun laßt auch mich, den Joseph, einmal zu Wort kommen und Euch einiges zu bedenken geben.

Zuerst muß ich - Ihr versteht das hoffentlich - meinem Herzen ein wenig Luft machen: Eure Weihnachtsgeschichten, Krippenspiele und Predigten haben mich ungebührlich in den Schatten gestellt. Ich bin aber nicht der Mann im Schatten. Das ist nicht nur falsch, ich habe es auch nicht verdient, so behandelt zu werden. Betrachtet einmal Eure Weihnachtskrippen und Weihnachtsbilder mit meinen Augen! Wo bin ich, wenn überhaupt, zu finden? Meistens stehe ich stumm und unbeteiligt im Hintergrund - wirklich ganz im Schatten. Wer es noch einigermaßen gut mit mir meint, hat mir wenigstens noch eine Laterne in die Hand gedrückt, damit ich ein paar Strahlen fahlen Lichtes verbreite. Wenn ich allerdings Bilder sehe, wo ich nur noch dazu dabin, ins Feuer zu blasen oder in der Suppe zu rühren, dann steigt mir schon die Galle hoch! Da fühle ich mich einfach nicht respektiert, von Wertschätzung ganz zu schweigen. Auf Eure Weihnachtsgedichte und Weihnachtslieder will ich hier nicht näher eingehen: *Joseph, lieber Joseph mein, hilf mir wiegen das Kindelein...*

In einem Gedicht über Maria habe ich einmal gelesen, und das war mir ganz aus dem Herzen gesprochen, daß sie, von den Gläubigen auf die Altäre gestellt, nur an eine Verwechslung glauben könne. Ja, so geht es mir auch. Auch ich glaube an eine Verwechslung, denn so, wie wir beide von Euch dargestellt werden, waren wir nicht!

Aber zunächst möchte ich mich - in aller Kürze - vorstellen. Mein Name ist Joseph. Ich stamme aus königlichem Geschlecht. Der große David war einer meiner Vorfahren. Beruf: Zimmermann. Wohnort: Nazareth in Galiläa. Man sagt, ich sei für meine Jugend sehr geschickt gewesen. In der Tat, ich hatte als Zimmermann einen ausgezeichneten Ruf in Nazareth. Apropos, Jugend. Wie seid Ihr eigentlich auf die Idee gekommen, ich sei ein alter Mann gewesen? Gewiß, Maria war eine blutjunge Frau, aber das heißt doch noch lange nicht, ich, Joseph, müsse wie mein eigener Vater ausgesehen haben!

Und noch eins: Es ist mir völlig fern, mich meiner Frömmigkeit zu rühmen, und doch möchte ich in aller Bescheidenheit darauf hinweisen, daß ich mich zu den sogenannten „Gerechten“ (hebr. Zadikim) zählen durfte, die ihren Glauben ganz ernst nahmen. Glaube und Alltag müssen, das ist immer meine Überzeugung gewesen, übereinstimmen. Die biblischen Weisungen und Werte waren für mich keine leeren Floskeln, sondern Lebensinhalt. Und als wir beide, Maria und ich, uns verlobten, war das nicht irgendein bloßes Ritual, sondern der Anfang unserer Ehe.

Könnt Ihr verstehen, was für ein Schock das für mich war, als Maria mir gestand, sie sei schwanger! Schwanger?! Schwanger, wo ich sie nicht einmal „berührt“, geschweige denn „erkannt“ hatte, wie das in der Sprache meiner Bibel heißt. Lag hier etwa, ich wage es kaum auszusprechen, „Ehebruch“ vor? Maria versuchte zwar eine Erklärung, berichtete etwas von einem Engel, von Gott, dem Heiligen Geist. Könnt Ihr verstehen, wie verwirrt ich war, ja, verzweifelt?

Was tun? Ihr denkt vielleicht an Abtreibung? Da sei der Himmel vor! Oder Maria etwa anklagen? Am Ende hätte man sie gar gesteinigt! Ihr den „Scheidebrief“ geben? Sie wäre für ihr ganzes Leben eine geächtete Frau gewesen! Aber ich liebte sie doch, meine Maria. Was sollte ich nur machen? Sie verlassen? Doch während ich mich unruhig im Schlaf wälzte, sah ich im Traum einen Engel, der zu mir sprach: *Joseph, du Sohn Davids, fürchte dich nicht, Maria, deine Frau zu dir zu nehmen; denn was sie empfangen hat, das ist vom Heiligen Geist. Und sie wird einen Sohn gebären, dem sollst du den Namen 'Jesus' geben, denn 'Jesus' bedeutet: Er wird sein Volk erretten von seinen Sünden.*

In jener Nacht wurden mir einige Dinge klar, und die möchte ich gerne an Euch weitergeben:

- Wenn Gott zu uns spricht, sei es im Traum oder durch irgendeinen Boten, dürfen wir nicht ausweichen, sondern dann müssen wir gehorsam sein.

- Die Stimme Gottes hat gesagt: *Fürchte dich nicht.* Ach, wie mir das geholfen hat!

- Gott führt uns oft auf seltsamen Wegen, durch Tiefen des Leids, gibt uns Rätsel und Fragen auf, aber es ist Gott, nicht irgendein blindes Schicksal, deshalb können wir uns ihm auch ganz anvertrauen.

- Ehrlich gesagt: Ich habe nicht alles verstanden, was ich da von Gott vernahm, das mit dem Heiligen Geist und das mit der „Jungfrauengeburt“, wie ihr es heute nennt. Aber was ich verstanden habe, ist für's erste genug: Daß mit diesem Kind Gott selber am Werk ist, daß er in diesem Kind uns Menschen ganz nahe kommen will, daß er uns braucht, Maria, die Mutter, und mich Joseph, den Vater.

- Vor allem wurde mir klar, daß der Name des Kindes, nämlich „Jeschua", eine wunderbare Botschaft für alle Menschen bedeutet: „Retter der Welt."

Statist sei ich gewesen, nur ein Mann im Schatten? Nein, wahrhaftig nicht. Das habt Ihr falsch gesehen. Wo Gott handelt, werden wir gebraucht, Maria auf ihre, ich auf meine, jeder von uns auf seine Weise. Gewiß, es war für uns beide eine schmerzliche Phase in unserer Ehe, aber heute bin ich froh und dankbar, daß wir sie zusammen durchgestanden haben. Gott hat uns zusammengeführt, wir waren im Glauben miteinander verbunden, im Gespräch über unseren Glauben fand unser Miteinander Grund und Tiefe.

Freilich, bald kam der zweite Schock. Der Kaiser in Rom befahl, daß sich alle in ihrer Heimatstadt in die Steuerlisten einzutragen haben. Das war für uns Bethlehem, denn mein Vorfahr, der König David, stammte ja von dort. Wer hat nur aus Weihnachten eine schöne Familiengeschichte gemacht? Nein, idyllisch war das nicht, zusammen mit der hochschwangeren Maria nach Bethlehem zu gehen! Könnt ihr euch vorstellen, was da alles bedacht und organisiert werden mußte: Vorräte, warme Sachen, ein Reittier, mein Handwerkszeug (wer weiß, ob ich es nicht unterwegs für den Lebensunterhalt gebrauchen kann!). Und dann in Bethlehem die Suche nach einer Unterkunft. Ich will mich nicht beklagen, es war mir nichts zuviel für meine geliebte Frau und das Kind. Nur, es soll keiner sagen, ich hätte nur ‘rumgestanden, ins Feuer geblasen oder Suppe gekocht. Das tat ich auch, aber es war doch nicht alles.

Als dann die Hirten kamen und von der Engelsbotschaft erzählten: *Fürchtet eucht nicht!* -, wieder dieses *Fürchtet eucht nicht -, siehe, ich verkündige euch große Freude, denn euch ist heute der Retter geboren,* glaubt mir, da hat sich der Himmel für mich aufgetan, da hat sich für Maria und für mich bestätigt, daß Gott doch wahr macht, was er verspricht!

Ich sei schweigend dabeigestanden, werfen mir manche vor. Aber muß man denn immer etwas sagen, wo man spürt, daß jedes Wort zuviel ist? Gibt es nicht auch Zeiten des Schweigens, Zeiten des Staunens, Zeiten der Freude und jene Zeit, wo es nur zu einem kleinen „Danke, mein Gott" reicht? Nur, eines stimmt nicht, wenn Euer Evangelist Lukas schreibt: *Maria behielt alle diese Worte und bewegte sie in ihrem Herzen.* Das könnt ihr euch sicher denken, daß uns all das gemeinsam und miteinander bewegt hat!

Anders als im Vertrauen auf Gottes gutes Geleit hätten wir wohl auch nicht die folgenden Ereignisse bestehen können. Ihr wißt ja von dem kaltblütigen Versuch des Königs Herodes, alle neugeborenen Kinder in Bethlehem umzubringen, auch unseren geliebten Jeschua. Ich gebe es ehrlich zu: Manchmal, und der Himmel bleibt ja nicht immer offen, da stahl sich dann schon der Gedanke in mein Herz: Würden wir das schaffen, wird das auch alles gut gehen? Wäre es nicht besser, ich würde mich allein nach Nazareth durchschlagen, ganz neu anfangen, alles vergessen? Aber Gott redete mit mir wieder im Traum: *Nimm das Kindlein und seine Mutter und fliehe nach Ägypten.* Nein, ich wollte und konnte beide nicht verlassen. Gott wollte, daß wir zusammengehören und zusammenbleiben, geschehe, was geschehen mag.

Statist! Der Mann im Schatten! Ich will mich nicht in den Vordergrund drängen - viele, unzählige Menschen, müssen ähnliche Schicksale durchmachen, bis auf den heutigen Tag. Aber ich mußte den Weg ins Unbekannte suchen, ich mußte Wasserstellen finden, ich mußte Mutter und Kind schützen und oft genug habe ich - wie Euer Christopherus - das göttliche Kind getragen. Aber auch wenn es merkwürdig klingt - das Kind, der Retter der Welt - , hat auch mich getragen. Ich will hier abbrechen, obwohl ich noch viel zu erzählen hätte: Von der Zeit des Asyls in Ägypten, von der beschwerlichen Rückkehr, von den Jahren, als unsere Familie groß geworden ist in Nazareth, oder von jenem Schrecken, als unser 12jähriger Jeschua plötzlich verschwunden war und wir ihn dann bei den Schriftgelehrten im Tempel fanden...

Damit kein Mißverständnis entsteht: Wenn Ihr sagt, ich sei nur eine Randfigur der Heilsgeschichte gewesen - das ist wahr! Und wenn Euch bewußt ist, mehr noch, wenn Ihr es in Euer Herz aufgenommen habt, daß er, Jeschua, der Retter und Heiland, die Hauptfigur ist, daß Euch Gottes Wort leitet, auch in schweren Zeiten, daß er Euch trägt, daß es gut ist, bei ihm zu bleiben, dann - ja, dann will ich gerne in seinen Schatten zurücktreten, dann will ich gerne der „Mann im Schatten“ sein.

Erich Esslinger

Im Himmel gebacken

Weil ihrem kleinen Sohn Florian das Weihnachtsgebäck so sehr schmecke, sei er nicht von dem Gedanken abzubringen, daß es im Himmel gebacken sei, erzählte kürzlich eine Mutter. Und für das Problem, wie denn das Gebäck von der himmlischen Bäckerei auf seinen Teller kommt, hat er auch eine Lösung: „Der liebe Gott schickt einfach einen Engel!“ Engel jetzt auch schon als Transportmittel? Dem kleinen Florian sind solche logistischen Fragen ziemlich gleichgültig. Nur seine Mutter hat ein Problem, freilich praktischer Art. Weil Florian so von der Idee fasziniert ist, daß das Weihnachtsgebäck vom Himmel komme, wie einst das Manna für das Volk Israel in der Wüste, müsse sie halt heimlich Plätzchen und anderes Gebäck in der Küche produzieren! Weihnachtsgebäck - direkt vom Himmel zu beziehen? Was Florian sich in seiner kindlichen Phantasie ganz konkret vorstellt, hat indirekt schon etwas mit dem Himmel zu tun. Denn nicht nur in den Backwaren, sondern in fast allen Weihnachtsbräuchen ist ein tiefer Sinn verborgen, der auf Weihnachten hinweist. Davon möchte ich Ihnen erzählen.

Da ist zunächst der Honigkuchen. Eine alte Legende erzählt: Die Hirten waren gerade dabei, Brot zu backen, da öffnete sich der Himmel. Und die Hirten sahen die Engel und hörten ihre Botschaft vom Frieden für die ganze Welt. Kaum hatte sich der Himmel wieder geschlossen, da ließen sie alles stehen und liegen, um *die Geschichte zu sehen, die da geschehen ist. Und sie kamen eilend*, heißt es in der Schrift. Und weiter: *Sie fanden Maria und Joseph und dazu das Kind in der Krippe liegen*, heißt es weiter.

Nur, wer angenommen hat, die Hirten seien danach schnurstracks wieder zu ihren Herden und Hürden zurückgekehrt, irrt sehr. Miserable Berufsauffassung? Möglich, aber es gibt manchmal Situationen im Leben, wo alles auf dem Spiel steht und man deshalb alles riskieren muß. Die Hirten jedenfalls dachten nicht daran, sofort umzukehren, denn zunächst *breiteten sie das Wort aus, das zu ihnen von diesem Kind gesagt worden war*, steht wörtlich bei Lukas. *Und dann kehrten sie wieder um, priesen und lobten Gott für alles, was sie gesehen und gehört hatten.*

Das wird alles schon seine Zeit gebraucht haben, nehme ich an. Und ich stelle mir vor, wie sie pfeifend und singend bei ihren Schafen und Hunden ankamen, noch ganz erfüllt von der Botschaft der Engel und dem Anblick der kleinen Familie, da stieg ihnen ein merkwürdiger Geruch in die Nasen. Was war das? Sie hatten - o weh! - den Brotteig im Ofen vergessen, bevor sie losgestürmt waren, und nun war sicher alles verkohlt! Sie öffneten vorsichtig die Tür ihres Backofens - und was sahen sie? Tatsächlich, schwarze Klumpen fielen ihnen entgegen. Schon wollten sie alles wegwerfen, da kostete einer von ihnen. Aber welche Überraschung! Außen war der Teig ganz schwarz, aber innen drin schmeckte er wunderbar süß. Seitdem gibt es Honigkuchen, außen dunkel und unansehnlich, wie der Stall von Bethlehem, aber innen von einer herrlichen Süßigkeit, wie das Kind, das Gott uns geschenkt hat, wie die Botschaft von diesem Kind: sein *süßes Evangelium ist lauter Milch und Honig ... himmlisch Manna, das wir essen, deiner kann ich nicht vergessen* (EKG 70,2).

Gerhild Michel

Das süße Jesuskind

Mit den Schafen fing ich an. Sie waren meinem Sohn vertraut, da er ihnen im Sommer an der Nordsee auf den Deichen begegnet war. Warum auch nicht mit den Schafen beginnen? Und den Hirten natürlich. Waren sie doch die ersten, die die gute Botschaft vernahmen. Also formte ich für unsere Krippe zunächst die Schafe. Mütter mit ihren wolligen Kindern, zumeist liegend, das war leichter für mich und sie würden auch später nicht so schnell umfallen können.

Schafe brauchen gute Hirten. So erzählte ich meinem dreijährigen Sohn die Weihnachtsgeschichte und arbeitete mich mit meinen Tonfiguren langsam dem wunderbaren Geschehen zu. Es entstanden Esel und Ochs, ebenfalls liegend, und schließlich Josef und Maria. Maria mit einem Tuch und gefalteten Händen, so wie ich sie auf den alten Bildern, die mir als Vorlage dienten, gesehen hatte.

Natürlich mußte ich meine Figuren auch anmalen, so waren sie besser zu erkennen.

Alles war vorbereitet für die Heilige Nacht. Die Frage war nun, wie sollte ich das Jesuskind gestalten? Als nackten Säugling auf der Erde liegend? Das hätte mein Sohn nie verstanden. Außerdem war es eine sehr schwierige Aufgabe, die ich mir nicht ohne weiteres zutraute. Schließlich fand ich auf einer alten Abbildung Jesus als Wickelkind dargestellt, einem Eskimokind ähnlich, in einem weißen Säcklein und einer wärmenden Kapuze. Um die Besonderheit des Kindes zu betonen, malte ich auf das Säcklein noch goldene Bänder.

Jetzt konnte die Heilige Nacht kommen. Alle Figuren standen auf einem von Moos bedeckten Brett, von Teelichtern beleuchtet, beisammen.

Vielleicht war mir das Jesuskind doch nicht so ganz gelungen. Denn mein Sohn griff mit seiner kleinen Hand über die Schafe hinweg an Josef und Maria vorbei, nahm es und wollte es in seinen Mund stecken.

Später fiel mir ein, daß auch in Liedern manchmal vom süßen Jesuskind gesungen wird.

Josef Mohr

Ein Telephon mit Heiligenschein

Im ersten Moment war ich empört, als ich die riesige, blaurote Reklame in der Zeitung sah. Im oberen Teil eine Futterkrippe, aber im Stroh lag nicht etwa das Jesuskind, sondern ein Telephonapparat, und darüber schwebte ein Heiligenschein. Darunter standen - im Stil des Weihnachtsevangeliums - die Worte: "Es begab sich aber zu der Zeit, daß ein Gebot von (Name der Telephongesellschaft) ausging, daß ein jeder zwischen dem 23. Dezember und dem 4. Januar nur noch 14 Pfennige für eine Ferngesprächsminute zahlen sollte, und zwar am hellichten Tage und auch in finsterer Nacht." Ich dachte: Dem gnadenlosen Konkurrenzkampf um Kunden ist doch wirklich jedes Mittel recht! Nicht einmal vor den geheiligten Bildern und Texten der Weihnacht macht die Werbung halt. Ohne Rücksicht auf religiöse Gefühle beutet sie sogar den Bekanntheitsgrad der alten lukanischen Weihnachtsgeschichte im Kampf um Marktanteile aus.

Doch plötzlich kam mir der Anfang einer anderen Weihnachtsgeschichte in den Sinn, wie sie beim Evangelisten Johannes zu finden ist: *Am Anfang war das Wort, und das Wort war bei Gott, und Gott war das Wort ...* Und ich dachte: Haben die Werbestrategen nicht, wenn auch unfreiwillig, den Nagel auf den Kopf getroffen und intuitiv den Kern der Weihnachtsbotschaft richtig erfaßt? Auf einmal stellte sich mir die Weihnachtsbotschaft in einem neuen Licht dar. Wer versteht das schon: *Am Anfang war das Wort, und das Wort war bei Gott ?* Welches Wort, und an welchem Anfang?

Und eben genau hier leistet der Telephonapparat mit Heiligenschein Verständnishilfe, einen weihnachtlichen „Service", indem er übersetzt, was die alten - oft schwierigen, aber doch auch schönen - Worte sagen wollen: Gott ist an Weihnachten „an-ruf-bar" geworden, denn dieses Kind in der Krippe ist SEIN „Wort", kein „Schall und Rauch", sondern ein Wort aus Fleisch und Blut, mit Augen und Ohren, ein Wort, das lacht und weint, ein Wort, das man sehen und hören, betasten und - riechen kann.

Es ist ein Wort, das auf eine Antwort wartet: „Ruf doch mal an!" „Anrufung", wir kennen dieses Wort aus dem gottesdienstlichen Leben, aus der Liturgie. Wir treten in eine heilige Kommunikation ein, wenn wir zu Gott beten und sein Lob singen, eine Kommunikation, die das WORT Gottes selber ermöglicht hat. *Rufe mich an in der Not, so will ich dich erretten*, so steht es schon in Psalm 50. Gott selbst hat gleichsam den Himmel geöffnet und eine Telephonverbindung vom Himmel zur Erde installiert. Was uns unermeßlich weit („tele") scheint, der Himmel, ER spricht („phon") uns so nah an, als sprächen wir mit einem Freund aus nächster Nähe!

Gott will uns Menschen als seine Gesprächspartner: *Rufe mich an!* Gott braucht uns, und wir brauchen ihn, nicht nur wenn die Sonne scheint, nicht nur am „hellichten Tage", sondern auch und gerade dann, wenn es in uns und um uns herum dunkel ist, also auch „in finsterer Nacht". Das göttliche WORT will nur dies eine: *Ich will dich erretten!* Das heißt doch: Wenn wir Gott anrufen, mit ihm sprechen, dann „tut" sich etwas. Bei Gott und bei uns. Unser kleines, manchmal nur hingehauchtes „Wort" ist wie eine Hand, die er füllen, wie ein Fuß, den er in Bewegung setzen, wie ein Ohr, zu dem er sprechen, wie ein Mund, den er zum Lachen bringen will. So körperlich ist dieses Wort. Das Wort, mit dem wir Gott ansprechen und anrufen, kommt nicht leer zurück, ist nicht ein bloßes Echo unserer Wünsche und Sehnsüchte, sondern gefüllt mit Leben!

14 Pfennige kostet das Wort, das die obige Telephongesellschaft uns in Rechnung stellt, will sagen: nur 14 Pfennige. Was kostet Gottes Wort? „Umsonst", sagt Gott, und es ist, als wolle er alles überbieten, was die billigste Telephongesellschaft „anpreist". Und doch ist es nicht „billig", kein Angebot zum Nulltarif, sondern ein „teuerwertes" Wort, denn es ist das Liebste, was Gott hat, es ist sein Kind, das er in die Welt schickt. Es ist so teuer, daß wir es nicht bezahlen können, und deshalb schenkt er es uns, einfach so. Weshalb? *Damit wir gerettet werden*, „am hellichten Tage und auch in finsterer Nacht"...

Erich Esslinger

Du grünst nicht nur zur Sommerszeit

Die Adventszeit hat kaum begonnen, da kommen auch schon die ersten Weihnachtsbäume in den Verkauf. Der kluge Mann bzw. die kluge Frau baut vor, denn es käme einer kulturellen Bankrotterklärung gleich, Heiligabend ohne Tannenbaum dazustehen. Ich nehme an, daß aus diesem Grunde alle, die unseren Weihnachtsstreß nicht mitmachen wollen, zwar auf die Kleinen Antillen oder sonstwohin flüchten, aber heimlich ihren zusammenklappbaren Gummi-Weihnachtsbaum im Koffer mitnehmen, mit richtigen Kerzen, versteht sich. Kurzum, für uns Deutsche gehört der Weihnachtsbaum einfach zu Weihnachten dazu. Und eine Kollegin erzählte mir kürzlich, einige ihrer Schüler und Schülerinnen der 2. Klasse seien der festen Überzeugung, daß schon in Bethlehem im Stall ein zwar kleiner, aber immerhin richtiger Weihnachtsbaum gestanden habe. In unseren Breitengraden ist Straßburg der Ort, für den zum ersten Mal, und zwar im Jahr 1539, die Existenz eines Weihnachtsbaumes urkundlich belegt ist. Die Verbreitung des Weihnachtsbaumes in Deutschland hat sich erst im letzten Jahrhundert durchgesetzt.

Der Tannenbaum ist immer noch der am weitesten verbreitete Weihnachtsbaum. Das hat sicher ökologische, aber auch symbolische Gründe: *Du grünst nicht nur zur Sommerszeit, nein, auch im Winter, wenn es schneit. O Tannenbaum, o Tannenbaum, wie grün sind deine Blätter ...* Wie kommt der Tannenbaum zu solchem Ruhm? Da müssen wir schon die Bibel aufschlagen, genauer das Alte Testament und hier das 3. Kapitel im 1. Mose. Da ist, wie Sie sich erinnern oder nachlesen können, vom Baum des Lebens die Rede. Gott hatte den Menschen erlaubt, ja, sie sogar aufgefordert, von allen Bäumen im Paradies zu essen, nur nicht von dem Baum des Lebens. *Denn wenn ihr davon eßt, werden eure Augen aufgetan und ihr werdet sein wie Gott und alles können*, heißt es wörtlich in Gen 3,6.

Von einem Apfel ist freilich nirgends die Rede, eher könnte es eine Feige gewesen sein: *und sie flochten sich Feigenblätter*. Der Apfel verdankt seine Sonderstellung der Tatsache, daß bei der Bibelübersetzung ins Lateinische aufgrund des ähnlichen Klangs

„malus“(derApfel) mit „malum“ (das Böse) verwechselt wurde. Seitdem ist der Apfel nicht mehr wegzudenken, weder der Adamsapfel noch der Apfel, der in der Weihnachtszeit an den Tannenbaum gehängt wird. Nach altem Brauch sollten freilich die Äpfel am Tannenbaum sowohl eine rote als auch eine helle bzw. bleiche Seite haben. Die bleiche Seite symbolisiert die Vergänglichkeit, das Sterben, den Tod - die rote Seite ist ein Sinnbild des uns von Gott geschenkten Lebens und seiner Liebe. Da der Baum des Lebens im Garten Eden Früchte trug, *eine Lust für die Augen und verlockend (3,6),* muß er auch geblüht haben. Also haben die Menschen schon früh die Weihnachtsbäume mit Blüten und Früchten aller Art, besonders aber mit Äpfeln, geschmückt. Erinnerung an das verlorengegangene Paradies und zugleich Sehnsucht danach. Aber wenigstens an Weihnachten dürfen wir einen Blick hineinwerfen und uns an ihm erfreuen.

Aber noch eine andere Symbolik ist mit der Form des Tannenbaums verbunden worden: So wie der Tannenbaum nach oben, zum Himmel weist, so ist unser Leben als Christenmenschen ausgerichtet auf den Himmel als den Ort, an dem *Gott abwischen wird alle Tränen von ihren Augen, und der Tod wird nicht mehr sein, noch Leid noch Geschrei noch Schmerz wird mehr sein denn das Alte ist vergangen, denn das Erste ist vergangen. Und der auf dem Thron saß, sprach: Siehe, ich mache alles neu (Offbg.* 21,4). Und deshalb haben unsere Vorfahren in jedem Zweig des Tannenbaums die Form eines Kreuzes gesehen, Zeichen des Mitleidens Gottes an seiner Welt und zugleich des Sieges über die Mächte des Todes.

Deshalb also grünt der Tannenbaum nicht nur im Sommer, sondern auch im Winter. Deshalb ist er, schön geschmückt, ein weihnachtlicher Bote, der erinnert, ermahnt, verheißt.

Waldemar Pisarski

Ein Kopfkissen für das Jesuskind

Der Stall von Bethlehem war, wie wir uns denken können, nicht gerade komfortabel ausgestattet, und als Ort für's Kinderkriegen war er schon gar nicht gedacht. Ansonsten stand oder lag alles mögliche Gerümpel herum, so auch ein alter, grauer Stein. Vielleicht hatte ihn mal ein Bauer benutzt, um seine Sense daran zu wetzen. Oder ein Hirte hatte ihn mitgenommen, um ein wildes Tier zu verjagen. Wie auch immer, der Stein war so, wie eben Steine sind, hart und kalt. Ob er so etwas wie eine Seele besaß? Wohl kaum, aber das interessierte auch keinen Menschen. Stumm und unbeachtet lag er jedenfalls da. Und auch die Engel übergingen ihn, was hätte er ihnen auch helfen können bei der Vorbereitung der Geburt der Christnacht!

Als das Jesuskind dann in jener Nacht zur Welt kam, wurde es, wie wir wissen, in eine Krippe gelegt, auf Stroh nämlich. Aber genau das war das Problem. Das Köpfchen lag auf den Halmen, und die piekten ganz unangenehm! Es war halt kein Kissen da, das ihm als Unterlage hätte dienen können. Die Engel durften nicht eingreifen, denn schließlich stand ja geschrieben, daß das Kindlein arm und bloß daliegen müsse.

Der Stein hatte das ganze Geschehen bis dahin ziemlich regungslos verfolgt. Er konnte auch nicht anders, er war ja nur ein Stein. Die Mutter Maria aber war sehr betrübt. Noch nicht einmal ein Kissen für das kleine Kind war da. Zu allem Elend nun auch noch dies! Und so rannen ihr ein paar Tränen über die Wangen. Das konnte nun der Stein nicht ertragen, und so begann sich in ihm etwas zu regen. Er spürte, wie das Leben in ihn kam und er immer weicher wurde. Schließlich hatte er noch nie einen Menschen weinen sehen, und jetzt, als er es sah, fiel auf einmal alles Harte von ihm ab.

Ihm wurde ganz warm ums Herz, wie die Menschen zu sagen pflegen, wenn sie etwas anrührt. Ja, er spürte so eine Art Glücksgefühl, das ihn in Bewegung setzte. Auch wenn es für einen normalen Stein ungewöhnlich sein mag, er schlüpfte, ehe er es sich versah, in die Krippe und legte sich dem Christkind unter das Köpfchen. Zärtlich sah ihn Mutter Maria an und auch voller Dankbarkeit, denn nun konnte ihr Kind selig schlummern.

„Zum Steinerweichen", sagen die Menschen manchmal, wenn ein Elend so groß ist, daß es selbst einen Stein weich macht. Jemand, der sonst hart ist, entdeckt auf einmal eine ganz weiche Seite in sich. Jemand, der sonst abweisend ist, merkt auf einmal, daß er auch hilfsbereit sein kann. Jemand, der sonst kalt ist, kann sich für andere erwärmen. Jemand, der sich verschlossen hatte, läßt sich von den Tränen anderer anrühren. Weil es ganz einfach schön ist, sich zu öffnen. Für das Leben, für Begegnungen, für Gott. Die Engel könnten auch dich gut gebrauchen, wenn sich der Himmel öffnet für die Vorbereitung der Christnacht. Daß ein Stein weich wird, ist schon ein Wunder, aber wer weiß, vielleicht ereignet sich ein ähnliches Wunder auch in dieser Nacht. Oder am morgigen Tag.

Erich Elwert

Laß uns innehalten

Gott, unser Vater,
Du ließest aus dem Stamm Isais
einen Trieb hervorgehen
und einen Zweig aus seiner Wurzel
Frucht bringen.

Dein Kind Christus
war ein zarter Sproß an Isais Stamm,
schutzbedürftig und angewiesen
auf liebevolle Pflege.

Laß uns innehalten und sehen:
Leben keimt aus zarten Trieben,
es braucht Wärme und bergende Hut.

Laß den Trieb in uns Wurzel fassen:
Das Schwache zu schonen,
den zarten, tastenden Sproß zu pflegen,
die anderen zu achten
und einander in Güte zu begegnen.
Amen

Weihnachtsgrüße

Hinter Stacheldraht
ein abgehauener Baumstamm.
Vieles im Leben ist wie abgehauen,
stumpf, morsch, tot.

Menschen, gefangen hinter Stacheldraht,
ihrer Menschenwürde beraubt,
eingesperrt in Krankheit und Einsamkeit,
verstrickt in Schuld, in sich selbst verkrümmt.

Advent.
Wir warten auf etwas Neues,
wir warten auf den EINEN, der alles neu macht,
alle aufrichtet, die am Boden liegen,
den Stacheldraht niedertritt,
die Gefängnistüren öffnet.

Aus dem abgehauenen Baumstamm
wächst ein neuer Zweig.

Die Sonne kommt hervor.
Noch ist sie umwölkt, als ob sie Mühe hätte,
die Wände von Angst und Leid zu durchstoßen.

Aber sie kommt, läßt sich nicht aufhalten,
gibt der Welt *ein' neuen Schein:*
Es wird ein Reis hervorgehen aus dem Stamm Isais,
und ein Zweig wird aus seiner Wurzel Frucht bringen (Jes. 11,1).

JOHANNES KÜHLEWEIN

Heike Lumpp, *Neuer Zweig*
Heidelberg

„Hat's der aber eilig", sagte ein Kind,
als es den Engel aus dem „Haus der Kirche" in Herrenalb sah.
Ja, er hat es wirklich eilig.
In unsere Welt hineinschwebend,
bläst er - noch im Fluge - die Posaune!
Eilig ist die Bewegung seiner Gestalt.
Weit geöffnet sind seine Augen.
Er muß so Erstaunliches, so Unerhörtes vernommen haben,
daß er die ganze Welt aufwecken, aufrütteln muß!

Denn Gott kommt!
Der Himmel hat sich geöffnet,
die Dunkelheit hat ihre Macht verloren,
Gott kommt.
Und alles, was unscheinbar, zerbrechlich und schwach ist,
erhält jetzt göttliches Ansehen.
Gott kommt.
Und allen, die im Gefängnis des Todes sitzen,
werden die Fesseln abgenommen.
Gott kommt.

Mitten im Dunkel Licht.
Mitten im Elend Rettung.
Mitten in allen Ängsten dieser Welt
ist der da, der die Welt überwunden hat.
Gott kommt.
Es ist keine Zeit zu verlieren.
Gebt seinem Kommen Raum,
im Haus der Kirche und im Haus der Welt.

Gott kommt. Macht's wie die Hirten:
Und sie kamen eilig und fanden beide,
Maria und Joseph, dazu das Kind in der Krippe liegen.

Erich Esslinger

E.J, Homolka, *Engel*
Haus der Kirche, Bad Herrenalb

Türen fallen ins Schloß.
Türen öffnen sich.
Mißlingen, Trennung, Krankheit,
Hunger, Streit.
Verschlossene Wege.

Aber auch:
Türen öffnen sich,
Begegnungen, Gespräche,
neue Hoffnung, neuer Anfang,
Öffnung ins Weite.
Heut schließt er wieder auf die Tür ...

Seine Werkzeuge sind nicht
Hammer und Brechstange,
sondern die Schlüssel der Liebe und Güte,
der Wahrhaftigkeit und des Vertrauens.

Manchmal öffnen sich Türen nur einen Spaltbreit,
gelegentlich öffnet sich ganz unerwartet eine Seitentür.
Grund zu Dank und Freude,
wo der zu uns kommende HERR
Eingang findet,
wo er uns ermutigt,
neue Wege zu gehen
und Türen zu öffnen.

Heut schließt er wieder auf die Tür
zum schönen Paradeis ...

JOHANNES KÜHLEWEIN

Johanneskirche Heidelberg
Seitentür

Der Engel lacht.
Aber eigentlich hat er nichts zu lachen,
dieser Engel am Westportal der Krönungskirche in Reims.
Er hat nur noch einen Flügel,
sein rechter Arm ist abgeschlagen,
sein linkes Handgelenk ist gebrochen.

Dennoch lacht der Engel.
Hat er doch etwas zu lachen?
Vielleicht sind wir Menschen der Grund,
weil wir uns oft so furchtbar wichtig nehmen.
Vielleicht sind es wir Christen,
die oft so ängstlich und mutlos sind.
Der Engel lacht.
Weil sich der Himmel geöffnet hat
und *Gottes heilsame Gnade allen Menschen erschienen* ist (Titus 2,11*)*.

Trotz aller Risse und Brüche in unserer Welt,
trotz aller Beschädigungen und Verletzungen in unserem Leben -
Gott kommt hinein in unsere Welt,
setzt sich allen Rissen und Verletzungen aus
und bleibt bei uns,
auch mit seinem Lachen.

Möge Sie das Weihnachtslachen des Engels
in die Freude Gottes hineinnehmen.
Möge Gottes Lachen
Sie lachen machen -
nicht nur zur Weihnachtszeit.

Erich Esslinger

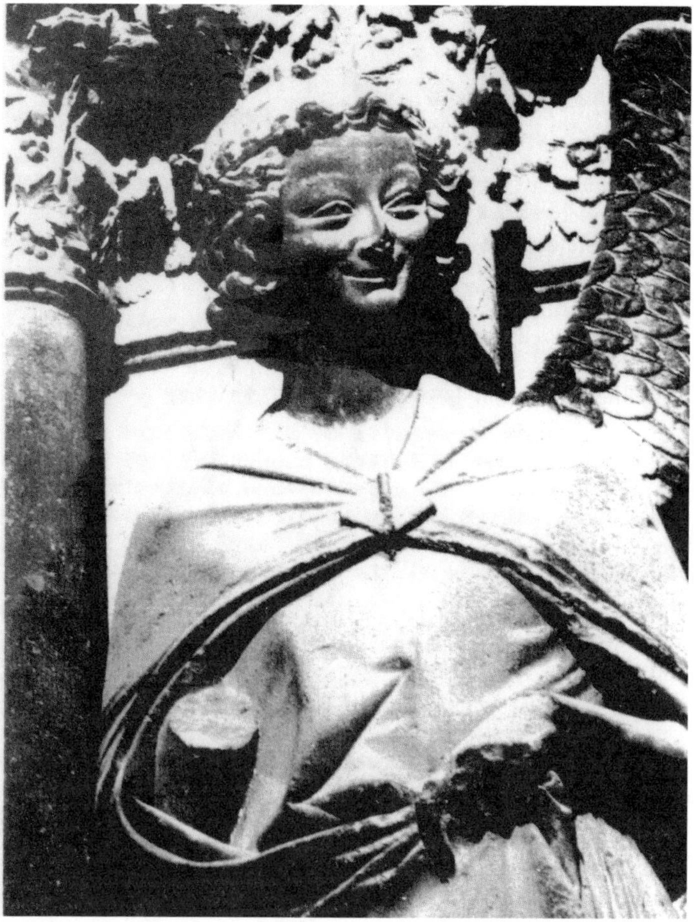

Der lachende Engel
Krönungskirche in Reims, Westportal

Unsere welt
bedeckt von dunkelheit
und dennoch so viel licht

unsere welt
gefangen in angst
und dennoch
so viel mitreißende bewegung

unsere welt
verwundet durch gewalt
und dennoch
so viel heil

unsere welt
verstrickt in schuld
und dennoch
so viel befreiung

unsere welt
erstarrt in todeskälte
und dennoch
so viel getanzte Freude

so viel licht und mitreißende bewegung
so viel heil und befreiung
so viel getanzte freude
so viel himmel auf der erde

Erich Esslinger

Der tanzende Engel
Basler Münster

„Geschafft" - ja, es ist geschafft. Das Kind ist da, endlich ist es da.
Es schlummert selig in seinem Bettlein, bewacht von Ochs und Esel,
gut verschnürt und etwas höher gelegt, dem Himmel nahe.
Und Maria? Sie hat's auch geschafft. Ich meine nicht nur die Geburt.
Ich meine das ganze göttliche Drumherum.

Auf jeden Fall, unser Kind ist da!
„Unser" Kind? Eine kleine Übertreibung ist das schon!
Zumindest mich hat keiner gefragt,
und Maria wurde es von himmlischer Seite,
wenn auch amtlich, lediglich mitgeteilt.
Auch wenn das Ganze nicht in meine Zuständigkeit fällt,
ich werde Maria nicht im Stich lassen,
ich werde ihr und dem Kind treu bleiben. Adoptivväter sind
auch gute Väter!

Weshalb ich - bei aller Kritik an der himmlischen Vorgehensweise -
dennoch fröhlich, ja, heiter bin?
Manche meinen sogar, ich schaute regelrecht spitzbübisch drein!
Also, erstens: Einfach so über Nacht Vater des „Sohnes Gottes"
zu sein, das ist doch was, oder?

Und zweitens sag ich mir:
Wenn es der Himmel noch nicht einmal für nötig befunden hat,
uns beide, Maria und mich, vorher zu fragen,
dann ist er jetzt in der Pflicht, auch für uns zu sorgen!
Bei allem, was uns der Himmel da zugemutet hat,
Gott auf unserer Seite zu wissen, mag kommen, was will,
das kann nicht das Schlechteste sein!

Also kraule ich mir ganz vergnügt mein Bärtchen
und sehe der Zukunft gelassen entgegen.
Man kann's auch „Gottvertrauen" nennen.

Erich Esslinger

Hagia Sophia, Hauptportal, Nowgorod
Foto: Ursula Kuhn, Heidelberg

Wie die Weisen
möchte ich schauen
und staunen
vor dem Wunder
der heiligen Nacht.

Wie die Weisen
möchte ich dasein,
ganz nahe
dem göttlichen Leben.

Wie die Weisen
möchte ich wandern
und ans Ziel kommen,
das mich einlädt,
warm, schlicht,
von Herzen gerecht.

Wie die Weisen möchte ich weiterziehn,
um das Geheimnis der Freude
allen zu künden.

Waltraud Herbstrith (Sr. Teresia a matre Dei OCD),
Karmelitin
Kloster Edith-Stein-Karmel, Tübingen

Meinrad J. Lehmann, *Die drei Weisen*
Bad Peterstal

Die Heiligen Drei Könige sind in tiefen Schlaf versunken.
Sie sind so erschöpft von den Strapazen ihrer Reise,
daß sie nicht einmal ihre Kronen abgenommen haben.
Sie sind eingehüllt in eine kostbare Decke,
aber sie stecken nicht mit Herodes unter einer Decke.

Einer der Drei hat seine Augen geöffnet und seinen Arm entblößt.
Diese Blöße ist die Chance des Engels.
Ihn kann der Engel berühren, ganz behutsam, zärtlich und doch bestimmt.
Mitten im Schlaf hat er ein Auge für den Himmel und ein Ohr für Gott:
... Und Gott befahl ihnen im Traum, nicht wieder zu Herodes zurückzukehren,
und sie zogen auf einem anderen Weg wieder in ihr Land
(Math. 2,12).

Wer aus Bethlehem zurückkehrt,
kann sich nicht mehr auf die andere Seite legen und weiterschlafen,
sondern wird aufstehen, andere wecken und aufbrechen.

Weihnachten hat Folgen.
Besucher bleiben nicht mehr Besucher.
Wer seine Knie vor dem Kind gebeugt hat,
bekommt ein Rückgrat,
einen aufrechten Gang.

Alle, die in Bethlehem waren,
ziehen auf einem anderen Weg wieder in ihr Land.
Nach Weihnachten sind wir hellwach geworden
für Gottes Liebe zu seiner Welt, zu uns allen.

Erich Esslinger

Traum der Könige
Kathedrale von Autun

Als die Mächtigen der Zeit
das Kreuz auf die Fahnen hefteten,
überbauten sie die ärmliche Grotte
der Geburt jenes Kindes
mit einer schönen Kirche.

Als im Namen des Christus
Völker gehorsam die Knie beugten,
erstand an der gleichen Stelle
das Symbol der kaiserlichen Macht,
die stolze Basilika.

Als die Propheten
die damals unbekannte Welt eroberten,
vermauerten Mönche das hohe Portal,
damit niemand zu Roß
die Heilige Stätte entweihe.

Wer heute den niedrigen Einlaß durchschreitet,
muß demütig sich beugen.
Nur Kinder können aufrecht
den Ort betreten, an dem einst
das Kind in der Krippe gelegen.

Wenn ihr nicht werdet wie die Kinder,
werdet ihr vom Geheimnis jener Geburt so wenig erfahren wie jene,
die, geblendet vom Glanz der Herrschaft,
das Zeichen der Niedrigkeit nicht verstanden

Hartmut Rupp

Brunhilde Just, Heidelberg
Auf dem Weg zum Kind

Gottes Hände

Unsere Welt
zerschnitten von Rissen
blutend aus wunden
geplagt von Hunger und Krankheit

Wir wollen helfen
und brauchen selber Hilfe
wir wollen heilen
und brauchen selber Heilung
wir wollen retten
und brauchen selber Rettung

Ein Kind
Gottes Kind
hält liebevoll
die Welt
uns alle
in seinen Händen
legt sie segnend
auf alle Risse und Wunden

Wir legen alles
in seine Hände
Gottes Hände
und lassen uns helfen,
heilen und retten

Erich Esslinger

Hartmut Rupp

Süße Weihnachtsgeschichten

Also, schlank bin ich ja nicht gerade. Und die Weihnachtszeit macht es einem auch nicht gerade leicht, abzunehmen. Wenn ich nur an das Weihnachtsgebäck denke: Spekulatius, Zimtstern, Lebkuchen oder Christstollen! Aber wir sollten vor dem Genuß dieser Köstlichkeiten einen Augenblick innehalten und bedenken, was sie uns von Weihnachten erzählen.

Spekulatius, das Wort kommt aus dem Lateinischen und heißt soviel wie „Aufseher" oder Bischof. Das Spekulatius-Gebäck erinnert an den Bischof Nikolaus, der einst in Myra, dem heutigen türkischen Smyrna, wohnte, es gut mit den Kindern meinte und sich besonders der Armen angenommen hat.

Zimtsterne sind ziemlich teuer. Sie werden mit Gewürzen gebakken, die ursprünglich aus dem Osten, also aus dem Morgenland, kommen. So wie die drei Könige. Auf der Vorderseite ist der hell leuchtende Stern zu sehen, der den drei Königen Caspar, Melchior und Balthasar den Weg zum Kind im Stall zeigte. Zimtsterne erzählen uns von den heiligen Drei Königen. Sie zeigen uns den Weg zum Kind.

Lebkuchen schmecken mir besonders gut. Als es noch keine Tabletten gab, pflegte man in den Klöstern kleine Kuchenstücke mit wohlschmeckenden Kräutern und Säften zu backen. Man nannte sie Lebkuchen, d.h. soviel wie Arznei oder Heilkuchen. Lebkuchenstücke sagen: Weihnachten, das ist Arznei für Körper und Seele. Wer davon ißt, wird heil.

Und dann der Christstollen. Sie sind so etwas wie eine Nachbildung des Kindes in der Krippe: *Ihr werdet finden das Kind in Windeln gewickelt* ... Der Christstollen ist also das in Windeln gewickelte Jesuskind, freilich etwas fester verschnürt, als heute Babys gewickelt werden, fürchtete man doch früher, die neugeborenen Kinder könnten sich durch ihre Bewegungen selbst verletzen.

Vielleicht schmeckt Ihnen das Weihnachtsgebäck jetzt noch besser! Weil es gut ist für den Gaumen und - für die Seele.

Udo Körner

das gönnen wir uns

wir gehen wieder ins weihnachtsoratorium
wir haben schon karten
das gehört einfach dazu
das lassen wir uns nicht nehmen
das gönnen wir uns
soviel zeit muß sein
zum abschalten und mitsummen
hoffentlich ist gut geheizt
letztes jahr hats gezogen
und das bei diesen preisen

drum jauchzet frohlocket
auf preiset die tage

und preiselbeeren und kroketten
zum rehrücken an den festtagen
mal anders als sonst

ja mein herzliebes jesulein
mach dir ein rein sanft bettelein

die betten müssen auch noch überzogen werden
bevor der besuch kommt
nein diese herrliche musik von bach
und die choräle
und dann dieser tolle einfall

der die ganze welt erhält
muß in harten krippen schlafen

die kirchenbänke sind auch ganz schön hart
und ein bißchen wohlgefühl und wohlgefallen
dürfte man schon erwarten
vielleicht gehen wir nächstes jahr
doch in den messias
der hat auch ein paar highlights

halleluja und so

Dieter Splinter

Merkwürdige Schätze unterm Christbaum

Nicht auszudenken, wenn die Hirten fehlen würden in der Heiligen Nacht. Weihnachten ohne Hirten? Unvorstellbar. Dabei waren sie, vorsichtig gesagt, schon etwas „gewöhnungsbedürftig". Es war nicht nur der penetrante Geruch, der von ihnen ausging, sondern auch ihr großzügiger „Verzicht" auf den Beistand des Himmels. Denn Wölfe in die Flucht zu schlagen oder Diebe zu verjagen, dazu bedurfte es nicht so sehr der Bibelkenntnisse oder eines großen Gebetsschatzes als vielmehr eines kräftigen Schlages mit dem Knüppel.

Die „Frommen" hätten sich das Fehlen der Hirten in der Heiligen Nacht allemal gut vorstellen können, trugen diese doch nicht unbedingt zum Image des Himmels bei. Weshalb aber der Himmel nicht auf diese windigen Gestalten verzichten konnte, darüber kann man nur Vermutungen anstellen. Die eine Vermutung ist: Gott hat eine Schwäche für die Zukurzgekommenen, für die „Letzten". Eine andere Vermutung ist: Die Hirten, die Alltagsmenschen, sind eine Gewähr dafür, daß es in der Heiligen Nacht um die „Welt" geht, daß sich die Erde nicht zu schnell in lauter Himmel auflöst. Anders gesagt: Auch in der Heiligen Nacht bleiben Schafe Schafe und Wölfe Wölfe. Die Hirten mischen dem himmlischen Lobgesang ein paar dunkle, rauhe Töne bei, so daß die Höhe auch etwas Tiefe erhält.

Die Hirten, also die Letzten, sind die Ersten, die von der göttlichen Botschaft hören, die sich sofort auf den Weg machen, um die *Geschichte zu sehen, die da geschehen ist.* Und die danach genauso entschieden zu ihren Schafen und Hunden, in ihren Alltag zurückkehren. Das Leben geht wieder seinen Gang, die Geschichte nimmt wieder ihren gewohnten Lauf. Und kaum ist der Himmel geschlossen, sind auch die Gewalttäter sofort am Zuge: Der Geburt des Kindes, das die Welt retten soll, folgt alsbald der von höchster Stelle befohlene Kindermord. Und kein Engel ist zu sehen, der dem mörderischen Treiben Einhalt gebietet. Alles geht seinen gewohnten Gang.

Nur einer, Gott, der HERR, geht seinen ungewohnten Gang. Er will bei uns bleiben, bei uns, den Menschen, will er seine Ehre suchen. Und er sucht sie dort, wo einem Menschen seine

Ehre abgesprochen wird. Wo die Ehre und Würde eines Menschen mit Füßen getreten wird, da setzt Gott seine Ehre ein. Nicht daß jetzt keine Tränen mehr geweint würden, Tränen der Verlassenheit und des Elends. Auch in dieser Nacht wischt Gott die Tränen nicht einfach weg. Er tut nicht so, als gäbe es nichts zu weinen. Doch seitdem sich der Himmel geöffnet hat, bricht sich Gottes Licht in diesen Tränen. Die göttliche Ehre - wer sie finden will, muß sie in diesen Tränen suchen. Die *Klarheit des HERRN*, die die Hirten *umleuchtet* hat - in den verweinten Augen der Verzweifelten, der Gefangenen, der Gedemütigten ist sie zu finden. Gottes Tränen und der Menschen Tränen, sie gehören zusammen, ununterscheidbar. Seit der Heiligen Nacht wird Gott allen Tränen, die auf Erden geweint werden, einen Glanz geben, als wären sie Gottes Perlen und Edelsteine. Seit der Heiligen Nacht gibt es keine Nacht, die so dunkel wäre, daß sie nicht von der *Klarheit des HERRN umleuchtet* wäre.

Merkwürdige Schätze unterm Christbaum? Mag sein, denn was wiegt in unserer Welt schon eine Träne? Bei Gott aber hat jede einzelne Träne ihr Gewicht. Weil jede einzelne Träne für Gott kostbar ist, deshalb kann auch wieder ein Lächeln oder gar ein Lachen in den Augen der Traurigen erscheinen. Nicht auszudenken, wenn sich der Himmel damals nicht geöffnet hätte und sich nicht immer wieder neu öffnete. Nicht auszudenken, was aus den Hirten geworden wäre, als sie wieder zu ihren Herden zurückkehrten. Nicht auszudenken, was aus uns werden müßte, wenn wir wieder heimgingen durch die dunkle Nacht - ohne Heilige Nacht.

Waldemar Pisarski

Hier ist alles gut

Die Weihnachtsgeschichte des Lukas, das ist eine Geschichte voller Wärme und Gefühl, freundlich und einladend. Fast so, als ob sie mich bei der Hand nehmen wollte. Komm doch, komm doch mit! Komm und sieh! Sieh es selbst! Und ich merke, wie gerne ich mich darauf einlasse. Die Anspannung der letzten Tage beginnt abzufallen. Gewiß, in meinen Händen und Füßen will es noch zappeln, aber langsam komme ich zur Ruhe. Ich freue mich auf die Erzählung dieser Nacht. Und - auch wenn ich sie schon hundertmal gehört habe, so erreicht sie doch mühelos mein Herz. Ich lausche den alten Worten, als wären sie ganz neu: *Es waren Hirten in derselben Gegend auf dem Felde, die hüteten des Nachts ihre Schafe ...*

Woher kommt es nur, daß diese Bilder mich so ganz unmittelbar ansprechen? Daß sie mir so wohltun? Meiner Seele wohltun und meinem Körper. „Verführung", höre ich manchen sagen. Merkst Du es nicht, es ist eine Verführungsgeschichte. Sie malt dir eine Idylle vor Augen. Mit weichen, zarten Farben. Eine Idylle, alles eingehüllt in Watte ...

Nur, so empfinde ich es nicht. Im Gegenteil. Wenn ich heute abend die Kerzen anzünde, dann ist mir erst mal nah, was ich verloren habe. Ein Freund ist mir nahe, der im Sommer gestorben ist. Weit vor der Zeit. Ich höre sein Lachen, denke an endlose Gespräche über Gott und die Welt. Sehe uns spielen, feiern, gemeinsam Urlaub machen, den Garten bestellen und zugucken, wie unsere Kinder groß werden. Meine Mutter ist mir nahe, die wir zu Beginn der Adventszeit zu Grabe getragen haben. Jahre einer immer stärkeren Zerstörung. Ich spüre noch meine Hilflosigkeit und meinen Zorn über diese so rätselhafte Krankheit. Ein langsames Verfallen von Körper und Seele. Vor mir steht das kleine Zimmer, in dem sie die letzten Wochen verbrachte. So nah und doch so weit weg. Keine Sprache mehr, kein Erkennen, kein Erinnern. Nur noch eine Brücke: Lieder, vertraute Lieder, und Gebete und Berührungen. Erleichterung dann, als der Anruf kam, daß sie gestorben sei. Kein Leid mehr, keine Schmerzen, kein Vergessen. Jetzt, endlich, bist du in guten Händen. Ein Weihnachtswort aus dem Propheten Jesaja haben wir über die

Traueranzeige gesetzt: *Das Volk, das im Finstern wandelt, sieht ein großes Licht …*

Menschen, die mir ganz nahe sind in dieser Nacht. Erinnerungen, die weh tun. Aber ich bin mir ganz sicher, daß auch solche Erinnerungen mit in die Weihnachtsgeschichte gehören. Sie haben ihren Platz darin. Alles ist in dieser Geschichte aufgehoben, auch meine Trauer, auch meine Tränen, alles. Alles ist gehalten von dem Frieden in dieser Nacht. Ich bin gehalten

Ein Kind liegt in der Krippe, und ich spüre: Hier ist alles gut. Wenigstens hier ist alles gut. „In derselben Gegend waren Menschen auf der Wacht“, lese ich in einer Übertragung aus unseren Tagen, „die hüteten des Nachts ihre armseligen Hoffnungen. Und in der Finsternis begannen sie zu erkennen, was Gott für sie getan hatte: Er war zu ihnen gekommen in der unscheinbaren Gestalt eines Menschen. Da fürchteten sie sich nicht mehr, nicht vor Krisen und düsteren Aussichten, nicht vor der Bosheit anderer Menschen, nicht vor der Macht des Stärkeren, auch nicht vor Einsamkeit und Leid.“

Ja, ich lasse mich gerne an der Hand nehmen. Mache mich mit auf den Weg, Schritt für Schritt, und lasse die Furcht hinter mir. Bethlehem. Der Stall. Ich öffne die Tür und sehe das Wunder. Geöffneter Himmel, mehr noch: Himmel und Erde haben sich berührt. Hier ist alles gut.

Und sie kamen eilend und fanden beide, Maria und Josef, dazu das Kind in der Krippe liegen. Daß Gott nicht nur Mensch wurde, daß er Kind wurde, das ist wohl das Anrührende der Weihnachtsgeschichte. Aber - warum rührt es uns so an? Es muß etwas mit dem Kind zu tun haben. Mit dieser kindlichen Stimme, die es oft so schwer hat, sich durchzusetzen, weil sie zumeist von anderen Stimmen überdeckt und überlagert wird.

Bis zu dieser Nacht. Da liegt ein Kind vor unseren Augen, und es ist wie das Versprechen eines neuen Lebens. Hörbar, wahrnehmbar und verlockend. Die Stimmen und das Kind.

Wie komme ich an? fragt mein Geltungsbedürfnis. Wie komme ich rüber? Was muß ich noch tun, damit ich gesehen werde? Damit der Beifall einsetzt? Wie schaffe ich es, daß man mich mag? Aber das Kind sagt: Du bist auch so liebenswert, einfach so, wie du bist. Auch ohne Kunststücke.

Was muß ich noch leisten? fragt die Tüchtigkeit. Was noch auf die Beine stellen? Ich will ja alles geben, wenn sie mich nur lieben! Aber das Kind sagt: Komm, laß die Hetzjagd! Du bist auch so recht.

Auch wenn du schwach und müde bist. Perfektion, sagt die Vollkommenheit, mit Perfektion fang' ich sie ein. Aber das Kind sagt: Bei mir zählt auch Unfertiges. Es muß nicht alles vollendet sein. Du zählst bei mir.

Gott wird ein Kind. Das Ursprüngliche ist wichtig, das Unmittelbare, das Unverfälschte. Das, was nach vorne offen ist. Lachen und weinen, wünschen und träumen, fühlen und sich fühlen lassen. Ungelebtes Leben wagen. Gott wird Kind.

Es ist sicher kein Zufall, daß so viele Menschen - durch alle Zeiten hindurch - gerade an dieser Stelle der Weihnachtsgeschichte weitergedichtet haben. So als ob sie damit sagen wollten: So sehe ich mich. So finde ich mich in dieser Geschichte wieder. Und auf diese Weise sind Erzählungen entstanden, Legenden, Novellen in großer Zahl. Manche sind mit ihrem Urteil schnell zur Hand: Religiöser Kitsch sei das, Volksfrömmigkeit bestenfalls. So dachte ich früher auch, heute sehe ich es anders. Es ist die Sprache des Herzens, die den Weihnachtsfaden aufnimmt, weiterspinnt und dabei ausmalt, verdeutlicht und unterstreicht. „Inwendige Geschichten" nennt Karl Waggel seine Erzählungen von der Heiligen Nacht.

Ich selbst muß immer wieder über einen kleinen Knirps schmunzeln und über seine Begegnung mit dem Christkind: Die Botschaft der Engel war soeben verklungen, da machten sich die Hirten auf, um das Jesuskind zu begrüßen. Aber da gab es noch den kleinen Jungen. Nehmt mich doch mit, bat er. Doch die Hirten wollten nicht. Du bist noch zu klein. Außerdem, was willst du dem Kinde schenken? Aber der Junge ließ sich nicht abwimmeln. Ganz allein und heimlich machte er sich auf den Weg. Und er kam auch in Bethlehem an. Aber die anderen waren inzwischen schon wieder heimgegangen. Im Stall schlief schon alles, Maria und Josef, die Engel unter dem Dach und auch Ochs und Esel. Nur das Jesuskind schlief noch nicht. Ganz still lag es in seiner Krippe und schaute den Jungen an. Der aber hatte nichts in seinen Händen. Kein Stückchen Käse, kein Flöckchen Wolle, nichts. Und der Junge schaute wiederum das Christkind an, wie es daliegen mußte und nichts gegen die Langeweile hatte. Keine Schelle, kein Wollknäuel, gar nichts. Das Christkind tat ihm leid. Da hatte er eine Idee: Er nahm das winzige Fäustchen in seine Hand, bog ihm den Daumen heraus und steckte ihn dem Christkind in den Mund. Jetzt brauchte es nicht mehr allein zu sein. Es hatte das Köstlichste, was einem Wickelkind geschenkt werden kann - den eigenen Daumen.

Inwendige Geschichten. Du bist nichts! Du hast nichts! Wie willst du einem anderen entgegentreten, gar vor Gott treten? Mit nichts in den Händen? Aber der kleine Junge folgt seinem Gefühl, er geht einfach los, und es wird ein Geschenk daraus, und was für eines. Hier ist alles gut, auch das kleinste Geschenk, wenn es nur aus dem Herzen kommt, wenn es nur etwas abbildet von dem großen Geschenk, das Gott für uns alle, die Großen wie die Kleinen, bereithält. Davon leben wir. Weil Gott uns gut ist, darum laßt es gut sein, wenigstens in dieser Nacht.

Josef Mohr

Das Leben ist schön

„Das Leben ist schön“, so lautet der Titel eines Spielfilms. Das klingt so, als sei es eine unumstößliche Feststellung. „Das Leben ist schön“ - aber ist diese Botschaft nicht zu schön, um wahr zu sein? Entweder ist das kindlich-naiv dahergesagt oder blanker Zynismus!

„Das Leben ist schön.“ Dies behauptet in der Tat der Spielfilm, aber nicht idyllisch abgehoben, sondern angesichts von Not und Tod. Er handelt von einer jüdisch-italienischen Familie, die am Ende des 2. Weltkriegs in ein Konzentrationslager der Nazis deportiert wird. Mitten in das Glück einer harmonisch lebenden Familie bricht das Grauen hinein. Der Vater, jüdischer Herkunft, und sein kleiner Sohn werden von der Gestapo verhaftet. Die Mutter will sie nicht allein lassen und geht freiwillig mit in die Hölle. Allen dreien steht der schreckliche Tod bevor. Vater und Sohn werden zudem noch von der Mutter getrennt, nur gelegentlich können sie einen Blick voneinander erhaschen.

Obwohl alles unabänderlich zu sein scheint, denkt der Vater nur dies eine: Wie kann ich meinem kleinen Sohn das Lagerleben so erträglich wie möglich machen? Und so setzt er mit dem Mut der Verzweiflung und der Phantasie der Liebe alles daran, das Kind die tödliche Bedrohung nicht merken zu lassen. Er erfindet das „Punktespiel“. Wer am Ende die meisten Punkte im Lager gesammelt hat, bekommt als „Preis“ einen echten Panzer geschenkt! Für jeden erfolgreichen Versuch, sich zu verstecken oder zu tarnen, gibt es Punkte. Der Vater erfindet eine aberwitzige Lügengeschichte. Er tut so, als seien all die Schrecknisse des Lagers Bestandteil eines großen Abenteuers, das es zu bestehen gilt, wenn man gewinnen will.

Das Gebrüll der Wächter, das Verschwinden der Kameraden, die Suche der Hunde nach Versteckten - jede Grausamkeit verwandelt der Vater mit gespielter Heiterkeit in die Leichtigkeit des Spiels. Sogar als der Vater selbst abgeführt wird zur Exekution, hampelt er wie ein feixender Pinocchio herum, um das Kind zum Lachen zu bringen. Der Vater ist tot, das Schicksal der Mutter unbestimmt, der kleine Junge hatte sich in einer Tonne versteckt, wie ihm der Vater befohlen hatte, die Nazischergen sind angesichts der nahenden US-Truppen geflüchtet - da kommt tatsächlich ein Panzer auf das menschenleere Gelände gefahren. Der Junge verläßt sein Versteck, und mit einem Freudenschrei stürzt er auf den Panzer zu und läßt sich von dem jungen amerikanischen Soldaten hinaufziehen. Am Ende war alles so gekommen, wie es der Vater „versprochen" hatte. Das „Spiel" gegen den Tod war gewonnen.

Nun haben die Filmkritiker gemeint, der Film erzähle von der „Lüge", einer barmherzigen Lüge zwar, bestimmt von der Liebe und beseelt von der Absicht, Leben zu erhalten, aber doch von einer Lüge. Einer Lüge, die Hoffnung macht? Ich muß unwillkürlich an Weihnachten denken. Ist der Gedanke so abwegig, daß alles, was wir zur Weihnachtszeit in Szene setzen - zu Hause, in der Kirche, sogar auf den Kriegsschauplätzen -, daß dies alles in Wahrheit nur dazu da ist, um uns das Leben ein wenig erträglicher zu machen, uns einen letzten Rest an Hoffnung am Leben zu erhalten? Ehre sei Gott in der Höhe und Friede auf Erden - nichts als ein frommer Betrug? Nicht auszudenken, wenn auch dieses Versprechen Lüge ist, eine barmherzige zwar, aber eine Lüge, die uns vorgaukelt, es werde eines Tages wahr, wovon wir an den paar Weihnachtstagen träumen und was wir inständig erhoffen: Friede zwischen den Menschen, Bewahrung der Schöpfung und Gerechtigkeit auf der geplagten Erde.

„Das Leben ist schön", heißt der Film. Der Vater habe gelogen, sagen die Filmkritiker. Was aber ist, wenn der Vater nicht gelogen hat? Ich behaupte: Der Vater hat versucht, eine neue, andere Realität zu stiften. Mit seinem nur vermeintlich lächerlichen Widerstand, mit seiner ganzen Existenz kämpft er gegen die übermächtige Wirklichkeit des Grauens an und hebt sie aus den Angeln. Er trotzt dem Tod ein Stück Leben ab. Obwohl das Ganze absurd und komisch zugleich ist, versucht er, seinem kleinen Sohn den Glauben zu erhalten, daß das Leben in Wahrheit schön und lebenswert ist, daß die Hoffnung doch keine Illusion ist, sondern eine Kraft, die die Wirklichkeit verändert. Denn sie nimmt schon jetzt die kommende Wirklichkeit voraus. Wie an Weihnachten: Der Himmel hat sich geöffnet und er wird sich auch wieder schließen, aber „nach" Weihnachten wird nichts mehr so sein, wie es vorher war.

Hans-Peter Held

Warum ich gerne neben dem Esel an der Krippe stehe

Nah an der Krippe stehen viele. Maria und Josef zunächst, das ist klar. Sie sind ja schließlich die Eltern Jesu. Und weil er das göttliche Kind ist, sind auch Engel ganz nahe, das ist auch „einleuchtend". Nicht ganz so klar ist es, daß auch Hirten so nahe beim Kind stehen, mit denen konnte nun wirklich keiner rechnen, und daß auch die Weisen seine Nähe suchten, ist auch nicht gerade selbstverständlich. Warum sie der Krippe so nahestehen, hätte ich sie gerne gefragt, auch um herauszufinden, wo ich eigentlich stehe, wo wir alle miteinander stehen. Noch genauer, neben wem wir gerne stehen würden! Um ein Haar hätte ich „beinahe" einen übersehen, ich meine jenes unscheinbare Grautier, den Esel.

Der Esel wird zwar in der Weihnachtsgeschichte nicht ausdrücklich erwähnt, aber sonst kommt er immerhin 130mal in der Bibel vor. Ganz schön viel für einen, den wir Menschen meistens nur erwähnen, um andere zu verspotten oder zu beschimpfen. Und auf fast allen Weihnachtsbildern ist er zu sehen, neben dem Ochsen an der Krippe nah, ganz nah an der Krippe.

Ich habe mich zunächst etwas gescheut, das Gespräch mit ihm hier zu veröffentlichen, aber der Prophet Jesaja und der Reformator Martin Luther haben mir Mut gemacht. *Ein Ochse kennt seinen Herrn und ein Esel die Krippe seines Herrn - aber mein Volk versteht's nicht,* sagt der eine, Jesaja. Und der andere, Luther, gibt uns den Rat: „Deswegen sollten wir unsere Häupter vor dem Ochsen und dem Esel, gleich als vor unseren Lehrmeistern, entblößen, indem wir sehen, daß sie uns von Gott vorgestellet werden, damit wir an ihren Exempeln lernen mögen, wie wir vor unserem Gott Ehrfurcht haben sollen." Der Esel als „Exempel", als Beispiel für unsere Ehrfurcht vor Gott. Also habe ich mein Haupt entblößt und den Esel gefragt, warum er so nah an der Krippe steht und was er dabei empfindet.

„I-a,i-a", hat er zögernd begonnen, „was soll ich viel sagen? Ich bin ein Esel, das ist wahr. Aber warum hat mich der Schöpfer mit dieser Stimme ausgestattet, warum hat er mir diese langen Ohren gegeben, immerhin solche Ohren, daß schon die Schulkinder davor gewarnt werden, Eselsohren in ihre Bücher zu machen. Kurzum, ich werde den Verdacht nicht los, daß der liebe Gott andere lieber hat als mich, die Taube des Noah z.B. oder den Wal des Jona, die Raben des Elia oder den Hahn, der dem Petrus gekräht hat, von dem Löwen, dem Stier, dem Adler, die alle ganz wichtig in der Bibel sind, ganz zu schweigen.

Glaubt es mir, es ist nicht schön, so ungeliebt und verspottet, vor allem so gedemütigt durch die Welt zu laufen! Wer kann es mir verdenken, daß ich der geworden bin, den man mich schimpft: alter Esel, dummer Esel, stur, stumpf, dickfällig - aber keiner hat je bemerkt, daß das alles ein Stück Tarnung war, daß ich nicht so dumm bin, wie manche meinen, daß ich immer meine Lasten getragen habe, oft um des lieben Friedens willen, wie man so sagt. Und trotz allem ungeliebt, eine bittere Erfahrung, sag ich euch, die mich dann auch zu manchen Eseleien, wie man so schön sagt, reizte.

Tja, und dann wurde es Weihnachten. Zunächst hatte ich gar nichts gemerkt, außer daß es noch mehr Arbeit gab als sonst, daß mein geduldiger Rücken noch mehr schmerzte als gewöhnlich. Ich sollte eine Menge Gepäck schleppen nach Bethlehem, dazu noch eine Frau, die zu allem Überfluß auch noch schwanger war. Ich wollte nicht, ich bockte, ich sträubte mich, aber dann gab ich doch nach, wie immer, um des lieben Friedens willen. Aber als wir dann endlich in Bethlehem angekommen waren, da wollte ich nur noch meine Ruhe haben, fressen, saufen und schlafen. Ja und dann - aber das wißt ihr ja schon, kam dieses Kind da auf die Welt und es brauchte das Stroh, das ich so gerne gefressen hätte, und es brauchte meine Wärme, also stellte ich mich neben die Krippe, ganz nah, und als dieses Kind mich dann anschaute, mich alten Esel, da - lacht bitte nicht - da begriff ich plötzlich, daß Weihnachten ganz einfach und ganz groß ist: Gott liebt - auch die Esel!

Ich spürte, wie wohl mir das tat, wie sich allmählich meine Verbitterung in Geduld verwandelte, wie in meinen alten Rücken Kraft kam, in meine Esels-Gedanken Verläßlichkeit, ja, ich begriff, daß - soll man es Weisheit nennen? - dieses Kind da mich brauchte, mich und alle Lastenträger - um des Friedens willen, versteht mich richtig, nicht um eines falschen, sondern um eines echten Friedens willen. Mit Sentimentalität hat das überhaupt nichts zu tun, sondern eher mit meiner ganz bewußten Bereitschaft, i-a, zu schleppen, was mir nur möglich ist, sollte dieses Kind mich auch später brauchen, wenn es groß sein wird. Es ist, als ob das Kind schon jetzt mir sagen wollte: *Mein Joch ist sanft und meine Last ist leicht ...* Ich will's ihm glauben.

Und wenn andere mich reiten wollen, der Teufel oder sonst einer der Mächtigen dieser Welt, dann bock ich einfach!"

An dieser Stelle lächelte der Esel und - verstummte. Es schien ihm, als habe er bereits zuviel gesagt. Aber an Weihnachten sind bekanntlich sogar Esel gesprächiger als sonst. Wie schnell übrigens nach Weihnachten der Esel zeigen mußte, daß er durch das Kind zu einer „neuen Kreatur" geworden war, wißt ihr doch, bei der Flucht nach Ägypten nämlich. Eines der kürzesten Weihnachtsgebete, die ich kenne, stammt von dem brasilianischen Bischof Helder Camara. Es lautet: „Mach mich zu deinem Esel, Christus." Jetzt wißt ihr, weshalb ich gerne neben dem Esel an der Krippe stehe. Weil ich dann ganz nah beim Kind bin.

Laura, 12 Jahre

Eine ziemliche Katastrophe

Ich wünsche mir, daß es dieses Mal anders wird als sonst. Letztes Jahr war es so: Mama wollte wieder alles besonders gut machen, schließlich kommen Tante Helga und Onkel Bernd nur einmal im Jahr zu Besuch. Warum immer ausgerechnet an Weihnachten, habe ich Mama gefragt. „Du weißt doch, sie haben keine Kinder", hat sie geantwortet. Aber warum ihr das immer an Weihnachten einfällt? Aber das ist noch nicht alles. Papi nörgelt meistens: „Ich habe auch noch Geschwister, vergiß das nicht."

Das Problem ist: Mami will es an Weihnachten immer ganz perfekt machen. Einmal im Jahr soll es ganz besonders schön werden, meint sie jedes Mal. Aber es gibt noch einen anderen Grund. Mama will nämlich Tante Helga zeigen, daß sie auch 'ne gute Hausfrau ist und was von Kochen versteht. Auf jeden Fall, beim letzten Heiligabend war alles eine ziemliche Katastrophe. Das Essen war ungenießbar, bis auf den Salat. Und dann sind wir zur Kirche gegangen, natürlich zu spät. Als wir hinkamen, war alles proppenvoll. So mußten wir die ganze Zeit stehen. Vor lauter Wut habe ich angefangen zu heulen, das war Mami sehr peinlich. War wieder nix mit der glücklichen Familie.

Das nächste Jahr habe ich nur einen Wunsch, entweder an Heiligabend gar nicht kochen und dafür schön zusammensitzen und dann rechtzeitig in der Kirche sein oder nur was Einfaches machen, zum Beispiel Kartoffelsalat mit Würstchen. Und dazu dann Mirjam einladen und ihre Mutter, die sind nämlich ganz allein. Wir könnten dann auch was zusammen singen. Irgendwie festlich, wie an Weihnachten eben. Das wär' dann vielleicht nicht perfekt, aber schön!

Manfred Wahl

der himmel reißt auf

aufreißt
der himmel
muttermundweit
manchen
zu eng
doch
weit genug
für den
messias
seitdem
zu sehen
auch die im dunkel
jesusmariaundjosef
der himmel reißt auf

JUTTA-UTE SCHWARZ

Eine Liebesgeschichte ist es

Um Leben geht es, liebe Gemeinde, um neues Leben, um unser Leben. Und wir sind gar nicht darauf gefaßt. Sie sind eher hergekommen mit der Sehnsucht nach ein bißchen Ruhe und Zärtlichkeit. Wollen eintauchen in die uralte, vertraute Geschichte, wollen verzaubert werden von der Schönheit dieses Gottesdienstes. Ach, wir sind so gar nicht darauf eingestellt, daß uns wirklich etwas Neues widerfährt. Unsere Gedanken rutschen uns weg zu dem, was vorhin war und was nachher sein wird. Ist wirklich alles erledigt? Nichts vergessen? Niemand ausgelassen? Mußte der Ärger vorhin sein? Jedes Jahr dasselbe trotz aller Vorsätze. Und der so sehr erwartete Anruf ist auch nicht gekommen. Warum müssen wir uns soviel Mühe geben und kriegen es doch nicht zustande? Es täte uns gut, denken wir, den Alltag für eine einzige Stunde vergessen zu können und uns im Schatten der Krippe zu verstecken.

Aber glauben Sie tatsächlich, Maria hätte keine Angst gehabt und Josef hätte gewußt, wie es weitergehen soll? Im Dreck des Stalls, im Gestank von Schafen und Ziegen müssen sie sich sehr verlassen vorgekommen sein, waren wahrscheinlich gar nicht so glücklich, wie wir es gerne hätten.

Maria hat ihren ersten Sohn geboren, ohne jede Hilfe, also mit mehr Angst und Schmerzen. Und nun - wie weiter? Sie kann nichts weiter tun, als ihn in Windeln zu wickeln, in den Arm zu nehmen und zu stillen. Ihr Sohn schreit sich ins Leben und ist dabei gar nicht so hübsch anzusehen. Und Josef ist da, ein bißchen verwirrt und erschüttert von dem, was geschah, phantasiert voll Angst und Hoffnung, was aus dem Kind wohl werden soll. Ein Kind wie alle anderen in Geschichten wie so viele andere, eine tröstliche Geschichte immerhin, wie wir uns so trösten mit Geschichten von anderen, denen es schlechter geht als uns.

Wenn, ja, wenn da nicht der Engel wäre und die Menge der himmlischen Heerscharen. Sie kommen nicht in den Stall, um es denen dort gemütlicher zu machen. Sie reden auch nicht, um die drei vor der Zukunft zu schützen. Sie kommen ins Freie, sind plötzlich da, fremd, ja, erschreckend. Sie reden zu Fremden. Was haben die Hirten auf dem Felde bei den Hürden schon mit dem Kind zu tun? Ja, Gott braucht den Engel und die Menge der himmlischen Heerscharen, um sein Evangelium so sagen zu lassen, daß keiner vorbeihören kann.

Liebe Gemeinde! Stellen Sie sich vor, es passierte hier, unter uns, in diesem Gottesdienst! Uns wird gesagt: *Euch ist heute der Heiland geboren.* Ich weiß nicht, wie Engel aussehen, nur manchmal ist mir einer begegnet, der wußte das richtige Wort: *Euch ist heute der Heiland geboren.* Nein, nicht der Heiler all eurer Schmerzen, das Ende aller Katastrophen, der großen wie der kleinen. So hätten wir es gerne und halten an unseren Mißverständnissen fest, um Gott an jeder mißlichen Ecke unseres Lebens Vorwürfe zu machen. Der Heiland - auch im hintersten Winkel der Provinz Juda wußte man, wer das ist: Der Herr der Welt, der Kaiser in Rom, von dessen Fingerschnippen Krieg und Frieden abhing, Leben und Tod. „Aber", sagt der Engel und begeht Hochverrat, „sieh doch, der Herr der Welt sieht ganz anders aus: Neugeboren, in Windeln, die ja nicht sauber bleiben, hilflos und schrecklich verletzbar. So fängt das neue Leben an, euer Leben und das der ganzen Welt. Alles noch einmal neu mitten im Alten, das so weiterläuft, als wäre nichts geschehen. Friede auf Erden und die Güte Gottes mitten unter euch."

Der Kaiser in Rom merkt nichts. Die Aktienkurse steigen weiter. Und das alltägliche Elend nimmt zu - damals wie heute. Nicht einmal Freiheit für die Gefangenen in der heiligen Nacht. „Ihr könnt euch das nicht vorstellen? Macht nichts, es ist trotzdem passiert. Gott hat gehandelt, ohne auf eure Zustimmung zu warten, und möglicherweise anders, als ihr es gerne hättet. Euch ist ein Kind geboren. Geht hin und seht!"

Und nun, liebe Gemeinde, nun erst geschieht für mich das wirkliche Weihnachtswunder. Die Hirten lassen sich Beine machen, stehen auf und gehen los, obwohl es doch verrückt ist und unglaubwürdig und überhaupt - *und fanden beide, Maria und Josef, dazu das Kind in der Krippe liegen.* Ich weiß ehrlich nicht, was die Hirten erlebt haben. Aber ich weiß, daß es Augenblicke überwältigender Einsicht gibt, in denen alles glasklar ist, als wäre der Himmel offen. In denen man weiß, tief unter der Haut und jenseits aller Argumente. Dieses unfaßbare Glück, das sich ausbreitet bis in die Zehenspitzen, unwiderstehlich, undiskutierbar, unvergleichlich. So ist das, wenn wir auch nur ein einziges Mal in unserm Leben an der Krippe stehen und nichts anders tun können, als in die Knie zu gehen.

Es ist diese winzige Bewegung, die uns aus der Rolle der wohlwollend Zuschauenden erlöst. Und genau darum ist es so schwer. Wir würden ja gerne dafür arbeiten und notfalls kämpfen und sogar bezahlen (wer weiß, wie viele unserer Spenden und Opfer ein solcher Preis sind). Wie armselig stehen wir da, wenn wir uns beschenken lassen müssen und können gar nichts zurückgeben, gar nichts. Wenn alle unsere Mühe und Arbeit, unsere Not und Verzweiflung nur dazu gut sind, uns eines Tages, vielleicht heute, an diese Krippe zu bringen, damit wir endlich aufgeben können. Damit wir einmal, nur ein einziges Mal, dem Kind ins Gesicht sehen und sagen: *Ich sehe dich mit Freuden an und kann mich nicht satt sehen.*

Eine endliche Geschichte ist das, liebe Gemeinde, die anfängt mit der Entstehung der Welt, ob diese es weiß oder nicht und die erst aufhören wird, wenn das Kind wiederkommt, strahlender als der Weihnachtsengel. Eine Liebesgeschichte ist es. Und Liebesgeschichten erlebt man nun einmal nur, wenn man sich darauf einläßt, wie jeder schon längst aus seinem Leben weiß. Da fängt noch einmal alles ganz von vorne an, ohne Altlasten und Hypotheken. Da hält Gott selbst unser neues Leben in der Hand.

Er macht aus der Hand keine Faust, in der wir immer enger werden, er kehrt sie auch nicht um, als ließe er uns fallen, weil wir nun einmal so sind, wie wir sind: Unverbesserlich. Hält uns jeden Tag, nebenher, zwischendurch, keineswegs nur im Gottesdienst, wo wir kritisch die Wörter sortieren. Wenn wir anfangen, die Wörter zu sortieren, auch das kennen wir alle, ist unsere Liebesgeschichte ja schon am Ende. Darum muß es für jeden und jede von uns Weihnachten werden, bis wir eines Tages, vielleicht heute, das Baby Jesus wirklich sehen und in ihm Gott selbst, damit wir, ausgerechnet wir, zur Krippe werden, in der die Freude geborgen ist. Amen

Rolf Steinhilper

Nähe ohne Grenzen

Freu dich, Erd und Sternenzelt, so beginnt ein kleines Weihnachtslied aus Tschechien. Ein altböhmisches Lied, 1520 in Leitmeritz aufgezeichnet. Aber erst in unserem Jahrhundert wurde es wieder entdeckt und in die Liederbücher aufgenommen. Rechts oben über dem Lied steht, eingeklammert, ein kleines „ö“, ein Hinweis auf ökumenisches Liedgut. Und das ist dieses kleine Lied im wahrsten Sinne des Wortes. Es erinnert daran, daß Weihnachten etwas mit der grenzenlosen Nähe Gottes zu tun hat, mit der Nähe ohne Grenzen. *Freu dich, Erd und Sternenzelt.* Freude, eine Stimmung, ein Gefühl, das jeder versteht, das jeden erfaßt. Auf keinen Fall irgend jemand ausschließt.

Deshalb sei daran gedacht, daß auch in der muslimischen Welt die Geburt Jesu beachtet wird. Seit altersher kommen muslimische Beduinen zu Weihnachten zur Geburtsgrotte nach Bethlehem. In Kairo begehen koptische Christen, Muslime und Juden das christliche Weihnachtsfest ebenso selbstverständlich miteinander, wie Christen auch muslimische und jüdische Feste beachten. Und in Bosnien-Herzegowina, dem geplagten Vielvölkerland, gibt es eine lange Tradition dieser Verbundenheit. Auf Postkarten und Dekorationen steht neben dem abendländischen Weihnachtsbaum die orientalische Palme als Symbol der Gemeinsamkeit.

Uns zum Heil erkoren, ward er heut geboren, heißt es im Refrain des Liedes. Gott schenkt sein Heil in einer Nähe ohne Grenzen.

Eine alte Frau hat sich darauf eingelassen. In das Haus, in dem sie schon lange zur Miete wohnte, sollte eine türkische Familie einziehen. Am Anfang hatte sie sich dagegen gewehrt, mit allen Vorbehalten und Vorurteilen, die es so unter uns gibt: Die riechen nach Knoblauch, sind unordentlich und nicht einmal Christen!

Als aber dann die große Familie einzog, vollzog sich eine Wandlung mit ihr. Die alte Frau kaufte sich ein deutsch-türkisches Wörterbuch und in der Adventszeit ein halbes Dutzend Kinderpudelmützen. Und sie backte nach langer Zeit wieder Weihnachtsgebäck. Das hatte sie seit dem Tod ihres Mannes nicht mehr getan. In der Nachbarschaft fragte sie nach einem Kinderwagen, der nicht mehr gebraucht wurde. Wer sie besuchte, konnte auf ihrem guten Plüschsofa zwei junge schwarzäugige Buben sitzen sehen. Und allen, die zu ihr zu Besuch kamen, stellte sie die beiden Jungen vor, als wären es ihre eigenen Enkel: „Das ist Achmed und das ist Mustafa. Beide sind hochintelligent, bescheiden und wohlerzogen, ich helfe ihnen bei den Hausaufgaben. Ihr Vater schleppt mir immer das Heizöl aus dem Keller herauf und repariert mir, wenn etwas kaputt ist. Ihre Mutter hat mich rührend versorgt, als ich mit einer Halsentzündung im Bett lag."

Die betagte Frau fing sogar an, türkisch zu kochen, ja, sie hat sogar von ihren neuen Freunden gelernt, einen kleinen Teppich zu knüpfen. Bevor die Türken ins Haus gezogen waren, hatte sie noch überlegt, ob sie nicht ausziehen wolle. Doch jetzt, wenn die Rede darauf kommt, sagt sie ganz entschlossen: „Nein, es ist schön, hier zu wohnen." Ein Zeichen der Nähe ohne Grenzen mitten unter uns:

Freu dich, Erd und Sternenzelt, Halleluja;
Gottes Sohn kam in die Welt, Halleluja.
Uns Zum Heil erkoren,
ward er heut geboren,
heute uns geboren.

Gerhard Engelsberger

Drei Könige lernen teilen

Lange hatten die drei Könige beim Kind gesessen. Dankbar, voll von Eindrücken am Ziel ihrer langen Reise. Jeder von den dreien hatte seine Geschenke neben die Krippe gelegt. Nun nahmen sie Abschied. Doch jeder dachte bei sich: Ich will zur Erinnerung an das wunderbare Geschehen eine Kleinigkeit mitnehmen. Aber außer ihren Geschenken war wenig im Stall, und das Wenige wollten sie dem Kind und seinen Eltern lassen. So nahm der eine König etwas Erde vom Boden, füllte sie in einen Beutel und hängte ihn an seinen Mantel. Der andere König füllte etwas Wasser aus dem Krug in ein Fläschchen, verschloß es gut und legte es in seine Reisetasche. Der dritte König bat um einige Strohhalme aus der Krippe. An einem der Halme war sogar noch eine ganze Ähre mit Körnern. Stroh und Ähre verwahrte er ganz sorgfältig in einem Kästchen.

Draußen war es schon fast wieder Tag. Der Himmel wurd immer heller, und die vielen Sterne verloren immer mehr ihre Leuchtkraft. Nur der große Stern, der ihnen den Weg gezeigt hatte, leuchtete noch so hell, als wolle er das Wunder der Nacht in den Tag hinein strahlen lassen. Schweigend traten die Könige vor die Hütte. Schweigend umarmten sie sich und schweigend nahmen sie Abschied voneinander. Dann trennten sie sich, jeder ging in sein Land. Der eine nach Osten, der andere nach Süden, der dritte nach Westen. Sie waren ganz erfüllt von dem, was sie gesehen und gehört hatten, und freuten sich darauf, zuhause von allem erzählen zu können.

Der König des Ostens ritt auf einem schwarzen Pferd. Der König des Südens ritt auf einem Kamel. Der König des Westens fuhr mit einem Schiff. So kamen sie alle recht schnell in ihrer Heimat an. Wem immer sie unterwegs begegneten, dem erzählten sie von dem Wunder im Stall und zeigten ihre Schätze: Der König des Ostens zeigte das Wasser, das er in einem Fläschchen aufbewahrte; der König des Südens zeigte die Erde, die er aus dem Stall mitgenommen hatte, und der König des Westens öffnete sein Kästchen, in das er Stroh und Ähre gelegt hatte.

Doch welch ein Erschrecken, als sie daheim ankamen! Ob im Osten, im Süden oder im Westen, die Menschen weinten, waren traurig und lebten in Angst. Das Land im Osten war durch ein schweres Unwetter verwüstet worden. Deiche waren gebrochen, Felder und Äcker überflutet, nichts konnte mehr wachsen. Die Menschen hungerten. Sie waren ohne Hoffnung. Denn ohne feste Erde und ohne Saatgut konnten sie nicht leben. Das Land im Süden litt seit Jahren unter einer großen Dürre. Die Erde war verkrustet durch die Trokkenheit. Auch hier konnte nichts wachsen, nichts gedeihen. Auch hier war die Hungersnot groß, die Menschen waren der Verzweiflung nahe. Ohne Wasser war alles aussichtslos. Das Land im Westen war durch ein großes Erdbeben zerstört. Die Lebensmittel wurden immer knapper, und die Menschen begannen schon, sich um ein Stück Brot zu schlagen. Ohne Hilfe von außen waren sie verloren.

Da waren also die drei Könige nach langer Zeit endlich wieder daheim, wollten erzählen von der Geburt des Erlösers. Und nun dies! Verzweifelt saßen sie da, der König im Osten vor der Überschwemmung, der König im Süden vor der Dürre und der König im Westen vor den Trümmern in seinem Land. Geblieben war ein Beutel Erde, eine Ähre, ein Fläschchen Wasser. Sonst nichts. Kein Gott, keine Hilfe, kein Engel und kein Kind. Noch nicht einmal ein Stern am Himmel!

Fast zur gleichen Zeit, als sie so traurig dasaßen, schauten sie zum Himmel. Sie trauten ihren Augen nicht: War das nicht der Stern, der große Stern, der ihnen damals den Weg zum Kind im Stall von Bethlehem gezeigt hatte? Ja, er war es wirklich! Das mußte ein Zeichen sein, ein Zeichen Gottes, der ihnen helfen wollte. Schnell packten sie ihre Reisesachen, aber sie vergaßen nicht, ihre Schätze mitzunehmen, die Erde, das Wasser und die Ähre. Der König im Osten nahm das schnellste Pferd seines Landes, der König im Süden das schnellste Kamel, der König im Westen bestieg das schnellste Schiff. Und so war es kein Wunder, daß sie nach wenigen Tagen ihrer Reise mit Hilfe des Sterns zusammentrafen. Aber da war kein Stall, kein Kind, keine Eltern. Da waren nur sie, die drei Könige. Betreten sahen sie sich an. Jeder holte aus seiner Tasche, was er damals aus dem Stall von Bethlehem mitgenommen hatte: Der König des Ostens das Wasser, der König des Südens die Erde und der König des Westens die Ähre. Da lagen die Schätze nebeneinander: Erde, Wasser, Weizenkörner.

Jeder erzählte vom Unglück in seinem Land. Vom Wasser, das alles überschwemmte, von der Dürre, die nichs mehr wachsen ließ, vom Erdbeben, das alles zerstört hat. Und jeder erzählte, was seinem

Volk so dringend fehlte. Und als sie zu dritt beisammen saßen um Erde, Wasser und Ähre, da gingen ihnen die Augen auf. Sie merkten: Wenn wir unsere Schätze zusammenlegen - Erde, Wasser und Körner - dann kann Weizen wachsen, dann kann es Brot geben für unsere Menschen. Eigentlich müssen wir nur teilen, was wir haben. Eigentlich müssen wir nur die Grenzen öffnen, teilen und zusammenlegen. Wenn wir so teilen, dann reicht das Brot eines Tages für die ganze Welt. Sie umarmten sich und nahmen voneinander Abschied.

Zuhause angekommen, gaben sie den Soldaten den Befehl: „Öffnet die Grenzen!" Und zu allen Bewohnern sagten sie: „Teilt, was ihr habt. Gebt ab, was den anderen fehlt!" Und so teilten die Völker des Südens, des Westens und des Ostens, was sie hatten. Von nun an mußte kein Mensch mehr vor Hunger sterben. „Danke, lieber Gott", sagten alle Menschen im Osten, Süden und Westen, „danke, lieber Gott, daß das Kind in der Krippe unseren Königen einen Weg gezeigt hat aus dem Elend."

Und sie feierten alle miteinander ein Fest, so groß und kunterbunt, wie bis dahin noch nie ein Fest auf der Erde gefeiert worden war. Und die Könige sandten Boten aus dem Land des Ostens, aus dem Land des Südens und aus dem Land des Westens zum König des Nordens. Und den Boten gaben sie als Zeichen des Wunders Erde, Wasser und eine Ähre mit. Der Stern begleitete die Boten auch in das Land des Nordens. Sie erzählten auch den Menschen im Norden vom Kind in der Krippe, vom Heiland der Welt, von den Engeln, vom Frieden und von dem Wunder, das sie selbst erlebt hatten.

Und so erreichte die wunderbare Nachricht von der Geburt des Erlösers auch unser Land.

Manfred Jeub

Sterngebet

Wir bitten Gott, den Herrn,
um einen winzig kleinen Stern,
der jedem, der im Dunkeln steht,
die Richtung zeigt, wo's weitergeht.

Wir bitten Gott, den Herrn,
um einen winzig kleinen Stern,
der unsern Blick auf jene zieht,
die man gewöhnlich übersieht.

Wir bitten Gott, den Herrn,
um einen winzig kleinen Stern,
in jedem Menschen innen drin,
der Wärme gibt und Licht und Sinn.

O Christ, du heller Morgenstern!
Wir danken alle Gott, dem Herrn,
daß er so groß und reich beschert,
was wir so winzig klein begehrt.

Ullrich Löffler

Ein Notfall

Elias, Wirt des Gasthauses „Zum weißen Fisch" in Bethlehem, an seinen Schwager Benjamin, Wirt des Gasthauses „Zum lachenden Esel" in Samaria.

Mein lieber Benjamin,

nachdem wir ja in derselben Branche arbeiten, muß ich Dir unbedingt einen kurzen Bericht über die Bethlehemer Zustände in diesen Tagen geben. Ich kann nur sagen: Ich bin im Augenblick drauf und dran, meinen Beruf mehrmals am Tag zu verfluchen.

Der Grund für meinen fortgesetzten Ärger ist folgender: Der unerforschliche Ratschluß des Höchsten - gepriesen sei sein Name - hat uns ja nun eine Steuerpolitik der Regierung (oder soll ich sagen Besatzungsmacht?) beschert, für die das Wort „Tohuwabohu" noch eine kleine Untertreibung ist. Du weißt schon, diese statistischen Maßnahmen, Steuerschätzung genannt, bringen alles durcheinander. Sie schicken jetzt die Leute hin und her, alle müssen sich in irgendwelche Listen eintragen lassen, die örtlichen Behörden wissen kaum Bescheid, mal fehlen Formulare, mal fehlt der Überblick, meistens beides. Die mittleren Beamten der römischen Zählbehörden reden nur noch vom Computus, vor den Zählbehörden bilden sich lange Schlangen, die Leute sind schlichtweg mit den Nerven fertig.

Mit Recht wirst Du fragen, wo denn nun eigentlich das besondere Problem für mich als Wirt liegt. Ich will es Dir sagen: die Stadt ist zur Zeit einfach hoffnungslos überfüllt. Überall sind Fremde. Das sind wir gar nicht gewohnt, so was hat es hier noch nie gegeben. Um es mit dem Wort des Propheten zu sagen: *Du, Bethlehem, bist mitnichten die kleinste unter den Städten Judas.*

Vielleicht sagst Du: Aber das ist doch wunderbar für einen Wirt! Überall Leute von auswärts! Die Betten belegt, die Rechnungen saftig, die Gewinnspanne kräftig!

Natürlich hast Du recht, der „Weiße Fisch" platzt zur Zeit aus allen Nähten, und eigentlich sollte ich glücklich sein. Die Kasse stimmt. Aber was zuviel ist, ist zuviel. Wir kommen einfach nicht mehr nach. Gestern zum Beispiel weigerte sich meine Magd Martha, noch mehr Wasser in den Bohneneintopf zu gießen, um ein paar Zusatzportionen 'rauszuholen. Sie meinte, einer der Gäste habe sich schon beschwert und geschrien: „Ich will kein Waschwasser, ich will Bohnensuppe!"

Und dann ist da noch die Sache mit der Geburt. Stell dir vor, das hatten wir auch noch, eine Geburt bei uns im Haus. Was heißt „im Haus", es war im Stall. Und das kam so: Ich hatte meine Magd aus der Küche geschickt, wollte endlich selber Wasser zur Suppe gießen, da steckte Martha den Kopf durchs Fenster herein und sagte: „Ein Notfall, ich glaube, wir haben hier einen Notfall."

Ich ließ vor Schreck die Wasserkelle fallen und dachte an alles mögliche: Steuerprüfung, Prügeleien zwischen Einheimischen und Fremden, jemand liegt im Sterben...

Ich sagte: „Beruhige die Leute irgendwie!" Martha flüsterte halblaut durchs Fenster: „Da gibt es nichts mehr zu beruhigen, es ist bald soweit, der Mann ist nervöser als die Frau."

Langsam wurde mir klar, daß dieser Notfall aus dem üblichen Rahmen fiel. Martha erzählte von dem jungen Paar. Sie sei vielleicht vierzehn oder fünfzehn, hochschwanger, er ein wenig älter. Ich ließ meine Suppe unbehandelt stehen und rannte auf den Hof.

„Shalom", sagte der Mann hastig, „wir suchen einen Platz, dringend, das Kind kommt bald, sehen Sie denn nicht?" Natürlich, man ist doch nicht blind, man hat ja als Familienvater einen Blick für sowas.

Die Frau sagte nur noch: „Irgendwo, bitte irgendwo." Ich wollte gerade antworten: „Alles belegt!" - da hörte ich Martha sagen: „Der Stall, jetzt geht nur noch der Stall."

„Danke", sagte der Mann zu mir, „Gott segne Dich und Dein Haus." Martha führte die beiden mit ihrem klapprigen Esel zum wirklich letzten freien Platz des Gasthauses „Zum weißen Fisch". Dann muß wohl alles sehr schnell gegangen sein.

Später machte Martha Wasser heiß, ich brachte es in den Stall. „Shalom", sagte der Mann, und es schien mir, als ob die Geburt des Kindes seinen Gruß veränderte. Aber das habe ich mir wahrscheinlich nur eingebildet, lieber Benjamin. Was soll die zufällige Geburt eines Kindes im großen verändern?

Fest steht allerdings, daß es in dieser Nacht heller war als gewöhnlich. Einige Gäste, die aufs Dach ausquartiert waren, fühlten sich sogar in ihrer Nachtruhe gestört. Sie redeten von „Musik im Dunkeln" und von „Himmelslicht". Sie stritten darüber, ob das Licht schön oder zum Erschrecken war. Na ja, was die Leute so alles sehen, wenn sie nicht schlafen können.

Als ich am nächsten Morgen in den Stall kam, sagte der Mann wieder „Shalom“. Ach, es wird mir fast schon zuviel mit dem Friedensgerede; der Mann redete ständig davon und die Römer reden vom Frieden und befehlen die Friedhofsruhe im Land. Unsere Väter und Propheten redeten vom Frieden im Auftrag des Höchsten. Aber wann redet Gott heute vom Frieden?

Der Neugeborene schlief. Die Frau betete; sie flüsterte und sang abwechselnd, von der Erhebung der Seele und daß Gott die Hungrigen mit Gütern füllt und die Reichen leer läßt. Martha war fast die ganze Nacht im Stall geblieben. Sie war nicht davon abzubringen, daß es mit diesem Kind etwas Besonderes auf sich habe. Na ja, Dienstbotengerede. So dachte ich bis heute morgen.

Denn inzwischen bin ich etwas irritiert. Da kamen doch tatsächlich wildfremde Leute, die das Kind sehen wollten. Ich wollte noch fragen: „Woher wißt Ihr von dieser Geschichte mit der Geburt?“ Aber dann sagte ich nur: „Hinten, im Stall!“. Die Leute, ein paar von diesen stinkenden Schafhirten, waren überhaupt nicht überrascht und hatten es furchtbar eilig. Nicht mal meine Bohnensuppe wollten sie. Sie stolperten durch die Tür hinters Haus, einige fingen beim Hinausgehen an zu singen, nicht sehr schön, aber sehr laut. Manchmal denke ich, daß ich den Geruch ihrer Mäntel nicht mehr aus der Gaststube 'rauskriege. Wie man nur so stinken kann!

Wenig später kamen einige zur Tür herein, denen konntest Du die Gelehrsamkeit schon von weitem ansehen. Du weißt schon, wie die Studierten halt aussehen, krummer Rücken, feine Hände, Denkerfalten im Gesicht. Lehrer, Wissenschaftler, Geistliche, was weiß ich. Jedenfalls Leute, die viel denken, viel reden, viel schreiben und eigentlich wenig arbeiten. „Wir suchen das Kind“, sagten sie, und dann: „Es ist nämlich ein König.“

Benjamin, ich bitte Dich! Ein König! In meinem Stall! Was würde zum Beispiel Herodes dazu sagen? Na ja, alles Unsinn! Mit den feinen Herren hab' ich mich aber deswegen gar nicht lange rumgestritten! Ich sagte nur: „Bitte sehr! Hier entlang!“ Und die Krummrücken? Freuten sich auf einmal wie die Könige, beglückwünschten sich und nestelten an irgendwelchen Geschenken herum. Ich habe Leute wie sie selten so freimütig lachen sehen. Ich habe ihnen noch nachgerufen: „Meine Herren, passen Sie auf Ihre Kleidung auf! Sonst stinken Sie auf einmal nach Schaf!“

Also, lieber Benjamin, es war alles schon recht merkwürdig. Und ich frage Dich: Welches Kind der Welt ist so bedeutend, daß sich zum Beispiel Stinkmäntel und Krummrücken gleichermaßen über seine Geburt freuen?

So, jetzt weißt Du so ungefähr die neuesten Nachrichten von hier. Ob eine richtig gute dabei ist, weiß ich nicht so recht, na, vielleicht, daß diese Geburt geklappt hat. Es war ja schon ein arger Notfall, das kann der Himmel bezeugen.

Shalom!
Dein Schwager Elias.

Alexander Rajcsányi

Weihnacht

nur ein kind dort im stall
im romantischen trog
engelumschwirrt
hirtenumstanden
friedlich und freundlich
im licht seines heiligenscheins

im zugigen stall im steinharten
trog das kind gebettet
in die ohnmacht seiner eltern
engel und hirten fehlen
himmelweit weg das leben
der großstadt nebenan

im zugigen stall im steinharten
trog das kind bedroht
vom argwohn der macht
schergen kommen statt königen
die nacht ist die nacht
vor der flucht

du kind aus dem stall
du kind auf der flucht
du kind bedroht von der macht
und unserer gleichgültigkeit:
man müßte dich bergen
in die wärme unserer
weihnacht

Waldemar Pisarski

Das ist so ziemlich alles

Schon immer hatten Ochs und Esel ihren Platz beim neugeborenen Jesuskind. Warum eigentlich? In der Weihnachtsgeschichte des Lukas ist jedenfalls von ihnen nicht die Rede. Die Spur führt zum Propheten Jesaja, denn bei ihm heißt es: *Ein Ochse kennt seinen Herrn und ein Esel die Krippe seines Herrn* ...(Jes.1,3). Ochs und Esel sind also sehr wahrscheinlich über diesen prophetischen Umweg in unsere Weihnachtsüberlieferung gelangt und heute aus unseren Liedern und Geschichten nicht mehr wegzudenken. Eine alte Legende hat freilich eine andere „Erklärung" zur Hand.

Als Maria und Joseph auf dem Weg nach Bethlehem waren, da rief einer der Engel heimlich die Tiere zusammen. Die Heilige Familie sollte nicht allein sein, meinte er, sie brauche Gesellschaft. Als erster, wie könnte es anders sein, meldete sich der Löwe. „Nur ein König ist würdig, dem Herrn der Welt zu dienen", brüllte er so laut, daß alle erschrocken zusammenfuhren. „Ich werde jeden in Stücke reißen, der dem Kind zu nahe kommt!" Aber der Engel sagte: „Du bist mir zu grimmig."

Darauf schlich der Fuchs heran. Er setzte die unschuldigste Miene von der Welt auf und meinte: „Ich werde die Heilige Familie bestens versorgen. Das Gotteskind bekommt täglich den süßesten Honig, und außerdem werde ich jeden Morgen ein Huhn für sie besorgen." Aber der Engel sagte: „Du bist mir zu verschlagen."

Da stelzte der Pfau heran, rauschend entfaltete er sein Rad. Herrlich glänzte sein Gefieder in der Sonne. „Ich will den armseligen Stall schöner schmücken als Salomo seinen Tempel", sagte er und blickte beifallheischend in die Runde. Aber der Engel sagte: „Du bist mir zu eitel."

Und so traten noch viele andere Tiere vor und priesen ihre Vorzüge, aber keines konnte die Gunst des Engels gewinnen. Zuletzt blickte sich der Engel noch einmal suchend um und sah Ochs und Esel auf dem Feld. Weil sie von vornherein keine Chance sahen, hatten sie sich erst gar nicht bei dem Engel beworben. Der Engel winkte beide herbei. „Was habt ihr zu bieten?" fragte er freundlich. „Nichts", antwortete der Esel und klappte die Ohren herunter, „wir haben nichts gelernt außer Geduld und Demut." Und der Ochse fügte hinzu: „Ab und zu gelingt es uns, die Fliegen zu verscheuchen. Das ist so ziemlich alles." Da sagte der Engel: „Ihr seid die Richtigen!"

Die „Richtigen", das sind weder der majestätische Löwe noch der schlaue Fuchs noch der eitle Pfau. Den Platz beim Jesuskind spricht der Engel nicht ihnen zu, sondern Ochs und Esel. Ich werde mich hüten, für den Ochsen zu plädieren. Das wäre in der Tat eine große Eselei. Aber für Demut und Geduld möchte ich schon eine Lanze brechen. Gerade in der heutigen Zeit. Ein Plädoyer für die geduldige, für die demütige Seite in uns. „Das ist so ziemlich alles", hatte der Ochse bescheiden gesagt. Geduld und Demut - sie sind dem Jesuskind näher als alles andere, was so aufgeplustert und großsprecherisch daherkommt. Sie werden nicht die Welt verändern, aber wenn sie manche Fliege verscheuchen, die anderen - nicht nur dem Jesuskind - das Leben schwermacht, das wäre genug.

Ruth Pfisterer

Ehre sei Gott in der Tiefe

Eine Weihnachtsgeschichte von Ellen Bucher beginnt so: Bei den Engeln, die den Hirten die Nachricht von der Geburt des Gotteskindes überbrachten, war einer aus dem himmlischen Heer dabei - der sang falsch. Hatte er nicht richtig zugehört oder die Chorproben im Himmel geschwänzt? Oder war er einfach mit seinen Gedanken bei Maria im Stall gewesen statt bei der Sache, wie sich das für einen Engel eigentlich gehört? Er, der Engel in der hintersten Reihe, wußte es selber nicht so genau, wie es kam, daß er immer da, wo er hätte „Höhe" singen sollen, „Tiefe" sang. Und da er über eine kräftige Stimme verfügte, war sein „Ehre sei Gott in der Tiefe" im weiten Himmelsrund einfach nicht zu überhören. Die Engel neben ihm stießen ihn an. „Höhe", flüsterten sie ihm zu, „Ehre sei Gott in der Höhe!" Und, als ob er schwerhörig sei, wiederholten sie: „Höhe - Höhe - Höhe!" Aber der Engel sang unbeirrt weiter: „Ehre sei Gott in der Tiefe", und zwar ziemlich laut. Als der Gesang zu Ende war, ging die Empörung los! Was ihm denn einfiele, so aus der Rolle zu fallen, das grenze ja schon an Gotteslästerung! Die göttliche Majestät sei in der Höhe und nicht in der Tiefe!

„Ehre sei Gott in der Tiefe", hatte der Engel gesungen, aber war das falsch? Wer Gott sucht und wer ihn finden will, der fange nicht oben an, nicht im Himmel, so hat es Luther einmal gesagt, der fange unten an, im Stall und in der Krippe. Bei einem Kind, nackt, wehrlos, verletzbar, unscheinbar. So tief ist Gott heruntergekommen zu uns. Gott hat sich von unten her in unser Leben, in unsere Lebensgeschichte eingemischt. Ehre sei Gott in der Tiefe! Und damit stellt Weihnachten alles auf den Kopf. Gott - nicht in der Höhe, sondern in der Tiefe. Nicht im Himmel, sondern auf der Erde. Gott - nicht oben, sondern unten, in einem Kind, geboren in einem Stall, armselig, ohnmächtig, schutzbedürftig, der Pflege und Fürsorge von Menschen anvertraut. Im Aufschwung zur Höhe und im Griff nach den Sternen begreifen wir von Gott nichts. Nur wenn wir uns bücken, nur dann entdecken wir Gottes Spuren, nur wenn wir uns hinabbeugen zur Tiefe, zur Schwäche, zur Ohnmacht in unserem eigenen Leben und im Leben anderer.

Weihnachten stellt alles auf den Kopf. Das kann schmerzlich sein, aber auch - befreiend!

Weihnachten stellt alles auf den Kopf: Gott kommt als Kind. Das mag für viele enttäuschend sein, manchen sogar lächerlich erscheinen, aber für mich ist es vor allem befreiend. Es ist eine Umkehrung dessen, was wir mit „oben" und „unten" meinen. Denn nun wird Weihnachten zu einem Fest für die, die elend sind und schwach, die aus eigener Kraft nichts vermögen, die angewiesen sind auf die Hilfe anderer - wie das Kind in der Krippe.

Weihnachten wird zu einem Fest für alle, die unten, ganz unten sind, und die darunter leiden. Es wird zu einem Fest für alle, die nach ihrem Wert fragen, den sie vor Gott und den Menschen noch haben, die fragen, suchen, zweifeln und sich daran wund reiben. Aber nun kommt Gott nach unten, wird einer von ihnen, und alles bekommt durch die Weihnachtsbotschaft ein anderes Gesicht.

Wer Kranke, Schwache, Elende, auf Hilfe Angewiesene nicht ehrt, ehrt Gott nicht. Wer sie aber achtet und ehrt, ehrt damit auch Gott. Und vernimmt durch sie eine Botschaft für das eigene Leben. Denn was sie uns mitzuteilen haben, ist wichtiger als alles, was wir zu sagen wissen. Gott ist in der Tiefe anzutreffen. Es hat ihm gefallen, die Tiefe zum Ort seiner Gegenwart zu wählen. Und wer diesen Ort nicht scheut, begegnet ihm und braucht nicht länger sonstwo nach ihm zu suchen. Wo wir ihn am wenigsten erwarten, gerade da ist er uns ganz nah. Wenn dies aber so ist, dann wird die Tiefe zum Geheimnis seiner Wunder. Dann finden wir mitten im Schmerz Linderung, in der Trauer Trost, im Loslassen Halt. In der Schwäche Kraft, in der Verzagtheit Hoffnung! Hoffnung, weil Gott bei uns unten ist.

Ehre sei Gott in der Tiefe!

Jürgen Lauer

Darum

Wenn Gott so wäre wie wir
dann
wäre er für sich geblieben
dann
wäre er den Weg des geringsten Widerstands gegangen
dann
wäre er sich selbst genug gewesen
dann
wäre er nur zu den Frommen gegangen
doch
weil Gott anders ist
darum
kam er in unsere Welt
darum
ging er den Weg in den Stall
darum
ging er den Weg ans Kreuz
darum
ist er auch heute noch unterwegs
zu dir und zu mir
darum

Stefan Schöni

Lanzen, die nicht töten

Was hat Weihnachten mit Ostern zu tun? Am Anfang seines Briefes an die Gemeinde in Rom stellt Paulus die Geburt Jesu und die Auferstehung von den Toten ganz dicht nebeneinander: *Das Evangelium Gottes handelt von Christus, der, ganz irdisch, geboren wurde aus Davids Samen und der eingesetzt wurde als Sohn Gottes durch die Auferstehung von den Toten* (Röm 1,3.4). Also nicht Geburt und Tod, nicht den Stall von Bethlehem und das Kreuz von Golgatha bringt er in einen Zusammenhang, sondern Weihnachten und Ostern, Geburt und Auferstehung. Das hat mich sehr überrascht. Hätte das Kreuz nicht besser zur Futterkrippe gepaßt? Sind doch beide, Kreuz und Krippe, aus demselben Holz der Armut gemacht! Was aber hat Weihnachten mit Ostern zu tun?

Selma Lagerlöf erzählt in einer ihrer Christuslegenden: Ein Mann ist auf der Suche nach Feuer, um seine Frau und das neugeborene Kind zu wärmen. Er ruft nach Hilfe, aber niemand hört ihn. Endlich erblickt er ein Feuer, um das sich eine Schafherde lagert. Aber als er sich den Schafen nähert, fallen die Hunde über ihn her. Doch ihre aufgerissenen Rachen können ihm kein Leid zufügen. Und als er über die eng beieinander liegenden Schafe steigen muß, um zum Feuer zu gelangen, regen sich diese gar nicht. Sogar der Stab, den der erboste Hirte nach ihm wirft, macht um ihn einen Bogen. Der Hirte, beeindruckt von dem, was er gerade gesehen hat, erlaubt ihm nur mürrisch, sich etwas vom Feuer zu nehmen. Er kann seine Schadenfreude, daß der Mann kein Gefäß hat, nur mühsam unterdrücken. Aber als der Hirte sieht, wie der Mann die glühenden Scheite mit bloßen Händen wegträgt, ohne sich zu verletzen, sagt er: „Was kann das für eine Nacht sein, in der Hunde nicht beißen, die Schafe nicht erschrecken, die Lanze nicht tötet und das Feuer nicht verletzt?" Und er nimmt ein Schaffell für das Kind und folgt dem Fremden, der Joseph ist.

Weihnachtlich wunderbar ist diese Geschichte, und doch ist die Welt, in der sie spielt, nicht romantisch verklärt. Es ist eine harte, herzlose, abweisende Welt, und doch genügt ein Funke Licht, um sie zu verändern, es ist eine Welt, in der Mißgunst und Argwohn, Geiz und Schadenfreude herrschen und zugleich die Sehnsucht nach Wärme, Hilfsbereitschaft und Geborgenheit sich nicht kleinkriegen läßt. Aber das ist die Spannung, in der Weihnachten gefeiert wird - seit 2000 Jahren. Diese Spannung ist es, die wir zu kaum einer Zeit sonst so deutlich wahrnehmen wie an Weihnachten. Die Spannung zwischen dem Leben, wie es alltäglich ist, und dem Leben, wie es sein könnte. Es ist die Spannung zwischen unseren Hoffnungen und unseren Enttäuschungen.

Wer gerade an Weihnachten ans Bett gefesselt ist, wer gerade an Weihnachten hinter Gittern zubringen muß, wer gerade an Weihnachten keine Heimat hat, wer gerade an Weihnachten allein ist, der spürt den Riß, der durch unser Leben geht, doppelt. Zu keiner Zeit im Jahr schmerzt dieser Riß so wie an Weihnachten. Deshalb muß, wer von Weihnachten erzählen will, die verschütteten und verlorengegangenen Sehnsüchte der Menschen ausgraben, muß um ihre verbotenen Träume wissen. Wer etwas von Weihnachten sagen will, muß - wie Selma Lagerlöf - erzählen von der Sehnsucht nach Geborgenheit und ihrer - wenn auch nur teilweisen - Erfüllung. Der muß etwas wissen von der Sehnsucht nach Heilsein und Ganzheit und davon, daß der Verhärtete wieder lernt, weich zu werden und etwas von sich herzugeben. Wer diese Hoffnungen und Wünsche nicht ernst nimmt, wird das Geheimnis von Weihnachten nicht verstehen, wird sich möglicherweise sogar lustig darüber machen, warum Menschen einen solchen Aufwand treiben an Vorbereitungen, warum da gebacken, geputzt und geschmückt wird, als käme hoher Besuch...

Als vor 2000 Jahren das erste Mal Weihnachten war, da hat Gott uns besucht und seinen „Lebenswillen“ in der Gestalt eines Kindes hören, fühlen, sehen und riechen lassen. Und hat sich damit der Spannung und dem Widerspruch zwischen Wunsch und Wirklichkeit ausgesetzt. Paulus spricht im Eingang seines Briefes an die christliche Gemeinde in Rom von den irdischen Bedingungen und der leidvollen Geschichte, in die sich der Nachfahre Davids stellt, und zugleich spricht er von der Kraft der Auferstehung, durch die Christus als Sohn Gottes ausgesetzt ist. Gott hat sich in Christus der Zerrissenheit unserer Welt in Kälte und Wärme ausgesetzt, ja, sie geradezu in sich aufgenommen, hat in ihm seine Vision von der Welt Wirklichkeit werden lassen.

Und so heißt Weihnachten zunächst, daß wir nicht allein sind in der Spannung, die uns zu zerreißen droht. Überall, wo es unmittelbar menschlich zugeht, ist der menschgewordene Gott dabei: Im Singen und Feiern, im Spielen und Sich-Freuen, im Schmecken und Riechen. Deshalb ist „Immanuel" einer der schönen Namen Gottes: „Gott ist mit uns", nicht daneben und dahinter, sondern buchstäblich „mit" uns, im Lachen und im Weinen, in der Trauer und in der Freude. Deshalb, weil an Weihnachten die Zerrissenheit der Welt ganz besonders schmerzt, brauchen wir gerade in dieser Zeit den Geist der Auferstehung. Er hat schon immer zu Weihnachten gehört: Er begegnet in den Tieren, die nicht beißen, in den Lanzen, die nicht töten. Er ist da in Engeln, die den Menschen den Frieden Gottes zusprechen, er ist da im Stern, der neue Wege weist, er ist da im Wunder der Menschwerdung Gottes, im Kind. Überall da begegnet uns schon in der Weihnachtsgeschichte der Geist der Auferstehung. Dieser Geist ist der Geist des Protestes gegen die Tyrannei des Todes; der Geist, der nicht resigniert, sich nicht von der Spur Gottes abbringen läßt, sondern „auf Lebenskurs" bleibt. Wir brauchen diesen österlichen Glanz an Weihnachten, damit wir trotzig und wahrhaftig feiern können: Wir brauchen den österlichen Geist, in dem sich Gott auf die Seite des Lebens, unserer Hoffnungen und Sehnsüchte stellt, damit wir uns die Weihnachtsträume nicht ausreden lassen.

So hat Weihnachten mit Ostern zu tun. Man kann Weihnachten nur schwer beobachtend-analysierend verstehen. Weihnachten ist des Fest der Ganzheit, bei dem es um alle unsere Sinne geht: Wir müssen es hören und sehen, riechen und schmecken und - es noch um zwei weitere christliche Sinne erweitern, nämlich singen und beten. Eine solche Weihnacht, die den Geist von Ostern atmet, macht uns lebendig, läßt uns aufstehen, läßt uns „auferstehen", mitten im Winter. Wie hat es Meister Eckart einmal gesagt: „Was hilft es mir, daß diese Geburt immerfort geschehe und doch nicht in mir geschieht? Daß sie aber in mir geschieht, darauf kommt alles an!" Aber daß sie auch in mir und dir geschieht, das ist nicht unser Werk, sondern das macht Gottes Geist. Er läßt uns Jesus so empfangen, daß es Weihnachten und Ostern bei uns zugleich wird. Er läßt uns mit den Augen Gottes die Welt sehen: Manchmal traurig, aber doch voller Hoffnung und Freude über die kleinen Zeichen seiner Gegenwart unter uns. Gottes österliche Herrlichkeit kommt uns an Weihnachten ganz nah. Möge sie uns verwandeln! Amen.

Hartmut Rupp

Rückkehr ins Paradies

Am Heiligabend machen wir kurz vor der Bescherung ein Spiel. Ich gehe mit unseren Kindern in eines der Kinderzimmer. Die Tür zum Wohnzimmer ist schon seit dem Nachmittag verschlossen. Der Schlüssel steckt innen. Die Spannung steigt mehr und mehr. Alle haben ein leichtes Kribbeln im Bauch. Endlich, nach dem Gottesdienst, ist es soweit: Die Tür zum Wohnzimmer wird von innen geräuschvoll aufgeschlossen, ein leises Glöckchen erklingt. Alle wissen: jetzt ist die Zeit der Bescherung da, wir dürfen ins Wohnzimmer hinein.

Die Kinder gehen auf die Tür zu, als würden sie einen heiligen Raum betreten. Vorsichtig drücken sie die Klinke herunter und, tatsächlich, die Tür, die nur für ein paar Stunden, für die Kinder aber eine Ewigkeit geschlossen war, öffnet sich. Von dem Raum geht eine behagliche Wärme aus. Es ist dunkel, nur die Kerzen des Christbaumes brennen, und sofort haben die Blicke der Kinder die bunt verpackten Geschenke erfaßt ...

So oder ähnlich verläuft das Heiligabend-Ritual in vielen Familien, wahrscheinlich in den allermeisten, zumindest in jenen, in denen kleine Kinder da sind. Ich habe dieses Spiel von meinen Eltern gelernt und habe es meinen Kindern weitergegeben. Ich bin sicher, diese werden es auch ihren Kindern weitergeben. Warum? Weil es zu Weihnachten gehört. Es hat freilich in mir lange gedauert, bis mir aufgegangen ist, was wir eigentlich spielen. Auf die Spur dieses Spiels kam ich durch ein Weihnachtslied von Paul Gerhardt. Dort heißt es in der letzten Strophe:

Heut schließt er wieder auf die Tür
zum schönen Paradeis;
der Engel steht nicht mehr dafür,
Gott sei Lob, Ehr und Preis (EKG 27).

Jedes Jahr spielen wir Rückkehr ins Paradies. Die Tür, durch die wir ins Wohnzimmer gehen, ist die Tür zum Garten Eden. Unsere „gute Stube" ist für einige Stunden das Himmelreich. Drinnen ist es behaglich warm, Kerzen brennen und für jeden gibt es ein Geschenk, das zeigt: Du bist mir wichtig. Und wer auch immer alles vorbereitet hat - Mutter oder Vater, Großmutter oder Großvater - sie haben gleichsam die Rolle des Jesuskindes, des „Christkindes" übernommen, das uns alle mit Gottes Liebe beschenkt. Wie jedes gute Spiel ist es mehr als nur ein Spiel. Es ist eine Übung. Wir üben die Erfahrung, Gottes Liebe geschenkt zu bekommen. Wir üben ein, wie es ist, ins Paradies zu kommen. Nur für eine kurze Zeit, gewiß, aber lang genug, um unserer Hoffnung auf den Garten Eden neue Nahrung zu geben. Wir sollten es öfter tun!

Jutta-Ute Schwarz

Das ist hier wie da

„Das ist hier wie da", sagte der kleine Ralf. Der kleine Ralf heißt so, weil wir gleichzeitig noch den großen Ralf auf Station haben, aber der ist zwei Jahre jünger. Das ist ein alter, vertrauter Ärger für den kleinen Ralf, und trotzdem tut es immer noch weh, weil er viel kleiner und schwächer ist. Das kommt von der unaussprechlichen Krankheit, an der er leidet und die man „Mucoviszidose" nennt. Als er ein Jahr alt war, hat man diese Krankheit bei ihm entdeckt. Seither ist er jedes Jahr mindestens viermal in der Klinik. Inzwischen ist er vierzehn und Konfirmand. In Württemberg müssen Jugendliche zwei Jahre in den Konfirmandenunterricht gehen, den meisten ist das zu lang. Jedoch nicht für Ralf. Zum ersten Mal in seinem Leben gehört er zu einer festen Gruppe von Gleichaltrigen. Er ist ganz glücklich darüber und freut sich auf die Konfirmation, als wäre es das Ziel seines Lebens.

„Diesmal bin ich zum letzten Mal hier", erklärt er mir, als er am zweiten Weihnachtsfeiertag ins Krankenhaus kommt. Aber ich will es nicht hören. Ralf weiß es ebenso wie seine Eltern und sein älterer Bruder, wir alle wissen es, daß man von dieser Krankheit nicht gesund werden, daß man nur eine gewisse Zeit damit leben kann. Dann muß man an ihr sterben. Da gibt es keinen Ausweg. Wenn Ralf sagt: „Diesmal bin ich zum letzten Mal hier" - nein, ich will es nicht hören, ich will es auch nicht wissen, ich will nicht, daß Ralf jetzt schon ... Und überhaupt ist da noch die Konfirmation. Also gucken wir alle weg, um nicht glauben zu müssen, was wir doch sehen.

Ralf war schon immer dünn, nun nimmt er noch mehr ab, bis die Knochen an den Ellenbogen und an den Fersen durch die Haut kommen. Selbst die Lammfelle, mit denen die Schwestern diese Stellen umwickeln, helfen nur wenig. Er kann nicht lange sitzen oder knien, alles tut weh. Liegen kann er auch nicht lange. Dann braucht er noch mehr Sauerstoff, den er durch die Maske atmet. Er wird so schwach, daß er nicht mehr selber essen kann, er muß durch eine Magensonde gefüttert werden. Der Vater ist wütend auf Gott, der so etwas zuläßt; und weil er Gott nicht am Kragen packen und schütteln kann, beschimpft er die Pfarrerin. Die Mutter ist verzweifelt, weil sie Ralf doch geboren hat und ihm nun nicht helfen kann. Der große Bruder verachtet mich ein bißchen: „Religion ist Weibersache." Trotzdem boxt er mich irgendwann beim Weggehen in die Seite: „Können Sie nicht mal richtig beten?" Er betont das Wort „richtig". Ich frage nach, und er erklärt es mir: „Eben richtig beten, damit Gott es hört, damit er was macht und Ralf nicht stirbt." Wie soll ich ihm nur sagen, was ich selbst nicht begreife und dauernd erlebe, daß kein Gebet stark genug ist, den Tod zu besiegen, nicht in dieser Situation. Alle Erfahrungen mit christlichen Wunderheilern und Wunderbetern, die von Eltern und Kindern aufgesucht werden, bestätigen das immer wieder von neuem.

Ralf geht inzwischen seinen ganz anderen Weg. Er bespricht mit mir, daß er es bis zur Konfirmation nicht mehr schafft. Ob ich es nicht organisieren könne, daß er vorher ... Ich telephoniere, ich bitte und bettele, ich werde zornig und weine hinterher. Aber die Mauern kirchlicher Regeln sind manchmal sehr hart. Es ist nichts zu machen, und ich muß es Ralf sagen. Von diesem Zeitpunkt an kommt die Angst. Überfallartig. Sie überschwemmt ihn wie eine Woge. Er will kein Medikament gegen die Angst, er will wach sein. Denn er weiß, in einem bestimmten Augenblick wird es nicht die Angst sein, die sein Zimmer ausfüllt, sondern der Tod. Wir alle sind ratlos und kriegen auch Angst. Da entdeckt Ralf seine Rettung: „Du kennst doch das Gebet, das mit den Schafen."

Ich begreife mal wieder gar nichts, bis ich das Foto mit der Schafherde auf der Schwäbischen Alb entdecke, das neben seinem Bett hängt. Das war sein letzter Ausflug gewesen. Und da begreife ich, daß er den 23. Psalm meint, seine Medizin gegen die Panikattacken. Also versuchen wir gemeinsam zu beten. Das geht schwer, weil Ralf viel von dem laut sprudelnden Sauerstoff atmen muß, bis er wieder ein paar Wörter sagen kann. Und auch weil ich ihn unter seiner Maske so schlecht verstehe. Beim dritten Mal, Ralf ist unerbittlich, klappt es. Wir haben unseren Rhythmus gefunden. Von da ab sagt Ralf jedesmal der Schwester Bescheid, die piepst mich an, ich renne durch den endlosen Krankenhausflur. Er ist viel zu lange allein mit der Angst, bis ich endlich ankomme. Wir beten unseren Psalm, und für eine Weile ist die Angst verscheucht.

So geht es ein paar Wochen lang, bis mir Ralf eines Tages sagt: „Das ist hier wie da." An dem Lächeln in seinen Augen kann ich es sehen. Er hat gemerkt, daß ich wieder mal nichts begriffen habe. Geduldig erzählt er mir von der Wiese, der grünen Aue, durch die der Bach fließt, dem frischen Wasser ... „Das ist hier wie da. Verstehst du nicht? Es ist ganz gleich, ob du auf der einen Seite bist oder auf der anderen." „Du meinst, es ist ganz gleich, ob du lebst oder stirbst?" frage ich. „Ja", sagt er und strahlt mich an. Die Pfarrerin, das dumme Kind, hat's endlich gerafft. „Ja, weil Jesus hier ist und da. Der Schäfer muß doch auf alle seine Schafe aufpassen." Ich sage: „Du glaubst, Jesus ist hier bei uns im Zimmer und gleichzeitig ..." „Ja", sagt er, „du sagst doch immer, daß er bei Birgit und Meryem und Andreas und Jürgen ist."

Als ich am nächsten Morgen komme, ist Ralf sehr still. Ich habe schon gehört, daß in der Nacht ein Kind mit dem Notarzt kam und im Zimmer nebenan gestorben ist. Ich weiß, daß Ralf es erfahren hat, aber wie soll ich es ihm nur sagen? Also sitzen wir erst einmal schweigend zusammen. Von Zeit zu Zeit baue ich nach Ralfs Anweisungen seine Bettenburg um. Als ich denke, er ist ein bißchen weggedröselt, höre ich ihn sagen: „Manchmal ist der Flur draußen das finstere Tal. Da kommen nachts die Kinder rein und kommen nicht mehr raus. Und vielleicht hat denen keiner gesagt, daß Jesus auch auf dem Flur ist." „Vielleicht hat's ihnen wirklich keiner gesagt. Vielleicht haben sie es auch nicht gehört", sage ich. Ralf: „So wie ich früher." „Ja", füge ich hinzu, „so wie du früher. Aber ich erlebe oft, daß die Kinder trotzdem wissen, wenn es soweit ist."

„Aber dann bist du dabei."

„Heute nacht war ich nicht dabei." Er macht sich Gedanken, daß ich nicht dabeisein werde, wenn er ... Da tröstet er mich schon: „Das ging doch auch viel zu schnell."

„Ich war nicht da. Und vielleicht war es auch gar nicht nötig. Wenn Gott sich Sorgen macht um eines seiner Kinder, dann ist er so nahe, daß sie es spüren."

Als Ralf stirbt - am Sonntag vor seiner Konfirmation zur Gottesdienstzeit - , da sagt er so deutlich und klar, wie ich ihn nie habe sprechen hören: „Ich gehe jetzt auf die Wiese. Er ist schon da."

Klaus Nagorni

Und halte alles hin

Geh, sammle Dunkelheit
Aus allen Nächten
Und Finsternis
Von allen Menschentaten.
Geh, wirf ein Netz,
Das allen Schmerz enthält,
Und alle Worte,
Womit Menschen baten.

Und alles unerfüllte Leben
Nimm
Und alle Kälte,
Die dich zittern läßt.
Und was da liegenblieb
Und ohne Sinn,
Das sammle ein
Und halte alles hin

Dem Schein, der alle Nächte lichtet,
Dem Licht, das alle Tode überglänzt,
Das Wunder breitet über deine Dunkelheit
Und heilt den Riß, der alles Leben teilt.

Und sieh - dein Blick ist aufgerichtet
Vom Engel, der an deiner Seite schreitet.

Jutta-Ute Schwarz

Sie sollen sich eilen

Christine, 19 Jahre, hat die Fremdspender-Transplantation erfolgreich überstanden. Das neue Knochenmark arbeitet, aber der restliche Körper macht Schwierigkeiten. Das eine Problem und das nächste, immer wieder bekämpft, immer wieder besiegt, bis dann alles zusammenbricht. Am späten Freitagnachmittag muß der Oberarzt Christine sagen, daß die erneut aufgeflammte Abstoßungsreaktion kombiniert mit der unbeherrschbaren Lungeninfektion - er sagt das Wort „sterben". Ich treffe Christines Mutter, die orientierungslos durch den Krankenhauskorridor irrt. Wir gehen zu Christine, die Mutter muß kochen, Christine will leben. Während ich noch versuche, ihren Worten standzuhalten, das Gleichgewicht zwischen ihren Zukunftsplänen und den ersten Todesgewißheiten auszuhalten, zwischen dem Besuch des „Phantoms der Oper" und den Erinnerungen an das kindliche Hüttenbauen in Opas Garten mich zurechtzufinden, beginnt sie die Taufdiskussion.

Christine kommt aus einer antifaschistischen Familie und ist sozialistisch erzogen. In meine Verwunderung hinein und in die gleichzeitig laufenden ersten Überlegungen nach „wann" und „wie" sagt sie: „Da ist doch die Geschichte mit den Königen, die das Baby retten." Ihre Taufbegründung, ihr Glaubensbekenntnis: das Weihnachtsevangelium. Sie wird sich einen Taufzeugen suchen, während ich den organisierten Kirchenkram kläre. Dann fahre ich zur viertägigen Klinikpfarrer-Konferenz. Am letzten Tag, während die Schwestern versuchen, mich telephonisch zu erreichen, sitze ich schon im Auto. Ich habe es vor Unruhe nicht mehr ausgehalten und weiß erst unterwegs, daß ich zu Christine fahre. Auf dem Weg ins Zimmer erklärt mir Schwester Ruth die Situation. Christine ist auf die F verlegt, wo sie niemand kennt. Ruths Blick gibt mir Kraft und Ruhe. Schwester Gila hat Dienst. Sie ist neu, wir kennen uns nur von dem schwierigen Kind mit der noch schwierigeren Mutter im Zimmer nebenan.

Weil gerade drei Ärzte im Zimmer sind, kann ich ihr ganz kurz die Geschichte mit den Königen erzählen. Es sind so viele Leute da, Mutter und Freund und eine Freundin, die Kunsttherapeutin und noch eine fremde Frau. Es ist viel zu tun, unruhig und laut. Christine ist schon unterwegs, hat keine Gemeinschaft mehr mit den Menschen, die ihr Leben begleitet haben. Gila und ich haben nur unsere Körper und unser Bewußtsein, um sie vor dem Chaos zu schützen, einen Raum von Sicherheit und Ruhe um sie herum zu bauen. Daß es gelingt, merken wir daran, daß unsere Anspannung nachläßt, unsere Aufmerksamkeit für die anderen sich verliert. Wir sind nur noch da, bei Christine. Da weiß sie und sagt es uns: „Die Könige kommen", zwischen den immer mühsamer werdenden Atemzügen unter der Sauerstoffmaske hindurch, „sie sollen sich eilen! Ob sie nicht schneller machen können!?" Schwester Gila, als wäre es das Selbstverständlichste von der Welt, was doch dem Außenstehenden als der helle Wahnsinn erscheinen muß, erzählt von der Wüste, die sie durchqueren müssen. Christines Wüste, denke ich, die sie durchqueren muß. Bis Christine dann am Ende aller Wege mit großen Augen sehr leise fragt: „Darf ich mitgehen?"

Schwester Gila stellt sich hinter mich, legt mir die Hände auf die Schultern. Ich gebe Christine den Reisesegen und schließe ihr, weil alle anderen mit sich selbst beschäftigt sind, die Augen. Tage später, so nebenher auf dem vollgestopften Stationsflur, sagt Schwester Gila: „Und ich habe immer gedacht, das ist alles Quatsch." Da kann dann auch ich endlich weinen.

Manfred Wahl

es staunt auch gott

mit jedem kind
gerät
die welt
an ihren
anfang
und wird
neu

mit jedem kind
beginnt
das staunen
aller
geschöpfe
es staunt
auch gott

mit jedem kind
wird wach
die hoffnung
daß doch
die liebe
am leben
bleibt

mit jedem kind
geh'n uns
die augen
fürs leben
auf und
für die
welt

mit diesem kind
abseits
geboren
wird fleisch
und blut
was gott verheißt

Reinhold Sylla

Tierisch gut - ein Ochse predigt

WENN JUNGEN LEUTEN etwas besonders gut gefällt, dann sagen sie: „Das ist tierisch gut." Woher sie diese Redeweise haben, weiß ich nicht. Ich weiß nur: Weihnachten ist für alle Kreaturen da - und darum auch für die Tiere! Und wenn wir einstimmen könnten in diesen jugendlichen Spruch „Ich finde Weihnachten tierisch gut", dann hätten wir mehr begriffen, als all die klugen und zuweilen steilen Worte über Weihnachten zu sagen vermögen.

Jedenfalls haben die Menschen in früheren Zeiten begriffen, daß zur Geburt Jesu auch die Tiere dazugehören. Sie sind nicht ausgeschlossen vom Wunder der Weihnacht. Darum gehören auch Ochs und Esel dazu. Stellvertretend stehen sie im Stall für die anderen Tiere, für die großen wie für die kleinen. Sie sind genau so wichtig wie die Hirten, die Engel oder die drei Könige. In der Weihnachtsgeschichte sind Ochs und Esel stumm, so wie viele Menschen an Weihnachten stumm sind, weil niemand da ist, der ihnen zuhört, trotz allem Lichterglanz. Stellvertretend für alle, auch für die stummen Menschen, soll heute abend ein Ochse zu Wort kommen:

„Also, ich heiße Manasse. So jedenfalls ruft mich mein Herr, wenn er nicht gerade „Hornochse" brüllt. Ein solches Schimpfwort tut mir genauso weh wie der Ochsenriemen, den er mir überzieht, wenn ich nicht schnell genug den Pflug oder den Ochsenkarren ziehe. Ach, seit ich mich erinnern kann, ist mein Leben eine einzige Ochsentour gewesen.

Ich bin nur ein Ochse. Weder bin ich ein Stier, vor dessen unberechenbarer Kraft sich jeder fürchtet, noch bin ich eine Kuh, die Milch gibt und darum auch gut genährt wird. Wenn's nicht so unpassend wäre, würde ich sagen, ich bin weder Fisch noch Fleisch, nichts Halbes und nichts Ganzes. Aber wem sage ich das? Fühlen sich manche von euch nicht auch oft wie Ochsen, mit denen andere machen können, was sie wollen? Ihr werdet getrieben und laßt euch treiben, ihr müßt Schläge einstecken, ihr werdet ausgenutzt und herumgestoßen. Wie ich habt ihr Angst, gewohnte Bahnen zu verlassen, etwas Neues anzufangen, euer eigenes Leben zu leben. Was bleibt euch da anderes übrig, als euch ein dickes Fell zuzulegen, euch unempfindlich zu geben, grad so, wie wenn man einem Ochsen ins Horn pfetzt.

Ja, so habe ich gelebt, genauer, so wurde ich gelebt bis auf meine alten Tage. Bis zu jenem Tag, nein, bis zu jener Nacht, von der ich euch nun erzählen will. Da ich nur ein Ochse bin, fehlen mir die richtigen Worte, um zu beschreiben, was ich damals erlebte. Ich weiß nicht, wie ich es sagen soll, aber auf einmal war so viel Licht da im Stall, nicht nur im Stall, in meinem ganzen Leben. All das Schwere und Dunkle - es zog mich nun nicht mehr so schrecklich nach unten. Zum ersten Mal in meinem Leben wurde ich von Herzen froh. Und mit einem Mal wußte ich: Es ist doch gut, daß es mich gibt, auch wenn ich nur ein Ochse bin. Wie freundlich die Menschen auf einmal zu mir waren, wie sie mich gestreichelt haben - so hatte ich mir immer eine Liebkosung vorgestellt! Und als ich dann in die Augen des Kindes sah, da waren alle Schläge, alle Beschimpfungen vergessen, da stand ich nicht mehr wie der Ochs vor dem Berg, sondern ich sah den Himmel plötzlich offen, einen Himmel, der auch für Ochsen da ist.

Ihr fragt mich, ob man dafür nicht besondere Augen, sozusagen Jesusaugen, haben müsse? Muß ich Ochse euch wirklich auch darauf noch stoßen? Ja, man braucht Jesusaugen, aber sie sind in allen zu finden, in den Augen der ganzen Kreatur. Ihr müßt nur lang genug hinsehen und ihr werdet entdecken, daß Gott euch anschaut, aus den Augen eines neugeborenen Kindes ebenso wie aus den Augen eines alten Menschen, aus den Augen der fröhlichen Kreatur ebenso wie aus den Augen der verstummten, leidenden Kreatur. Die ganze Schöpfung soll sich an Weihnachten freuen! Wenn Gott Fleisch geworden ist, dann seid nicht nur ihr, die Menschen, gemeint, sondern alles Leben. Und dann könnt ihr Menschen auch nicht mehr auf anderen Lebewesen herumtrampeln, weil ihr ja auf Gott selber herumtrampelt!

Ein Ochse kennt seinen Herrn, aber ihr Menschen wollt davon nichts wissen, so ähnlich steht es beim Propheten Jesaja. Und das muß ich als Ochse euch Menschen schon in aller Direktheit mal sagen: Manchmal seid ihr verbohrter, sturer und blöder, als es je ein Ochse sein kann. Vielleicht hängt das damit zusammen, daß ihr von Gott nichts wissen wollt, ja, daß ihr euch für Gott selber haltet. Und trotzdem hält Gott an euch fest, weil er - entschuldigt die Schlichtheit meiner Rede - weil er euch liebt. Und das ist der Grund, weshalb er zu uns in die Welt gekommen ist, in diesem kleinen Kind.

Das habe ich damals erlebt, in jenem Stall, und deshalb finde ich seitdem auch Weihnachten so wunderbar, einfach tierisch gut. Übrigens, erst seit damals, seit der Geburt jenes Kindes, habe ich verstanden, was mein Name „Manasse“ wirklich bedeutet. Mein Herr hat mir diesen Namen wahrscheinlich nur so gegeben, ohne gewußt zu haben, was mein wirklicher HERR damit gemeint hat. Denn mein Name Manasse bedeutet: *Gott hat mich vergessen lassen all mein Unglück.* Und das ist wahr: Seitdem trage ich all die Lasten, die man mir aufbürdet, anders, ich lasse mich nicht mehr so niederdrücken. Ihr wollt wissen, warum? Nun, weil Gott mich trägt! Und das ist für mich Weihnachten. Seither trage ich Weihnachten in mir. Und das, ihr lieben Menschenkinder, wünsche ich auch euch, gleich, in welchem „Stall“ ihr euch befindet. In dieser weihnachtlichen Hoffnung grüße ich euch alle, sozusagen von Kreatur zu Kreatur, und spreche mein Ochsen-Amen:

„Mög es so sein, ich geb' jetzt Ruh,
und sage laut und kräftig: Muh!“
Amen.

Sophie, 8 Jahre

Und danach essen wir den verdienten Nachtisch

An Weihnachten fahren wir immer zu meinen Großeltern nach Rohrbach.

Da kommen dann auch mein Onkel, meine Tante, der Mann von ihr und mein Cousin und meine andere Großmutter.

Wir bekommen alle etwas zu trinken. Mein Cousin, meine Schwester und ich, wir bekommen Saft. Der Rest bekommt Schnaps. Jetzt kann es richtig losgehen. Nun können wir alle anfangen zu singen. Mein Großvater spielt Klavier, und ich spiele Flöte dazu. Meine Schwester kann es kaum erwarten, die Geschenke auszupacken. Deshalb darf sie, wenn sie will, immer ein Geschenk schon mal vor dem Essen auspacken. Meine Großmutter hat dann mit Mama den Weihnachtstisch gedeckt, an dem wir uns alle bedienen. Dort gibt es immer leckere Sachen. Wenn sich alle satt gegessen haben, geht's an die Geschenke. Die von meinem Onkel werden immer 2 Minuten vorher eingepackt.

Das ist vielleicht ein Chaos. Wir können uns nie richtig einigen, wer dieses Jahr den Tomte spielt. Deshalb sag' ich dann immer schnell: „Ich bin Tomte, mein Onkel ist mein Helfer.“ Meine Schwester und ich bringen die Gabe zu demjenigen, dessen Name darauf steht. Wenn alle Päckchen ausgepackt worden sind, helfen alle mit, das Geschenkpapier einzusammeln. Dann essen wir den verdienten Nachtisch.

So feiere ich mit meiner Familie Weihnachten.

Paul Wassmer

Viele Anfänge sind möglich

Es gibt Geschichten, die kennt fast jeder. Die Weihnachtsgeschichte des Lukas gehört dazu. Es sind Geschichten, die in uns leben, die uns Kraft und Hoffnung geben, die uns miteinander verbinden.

Und doch fängt für jeden und jede von uns die eigene Geschichte mit der Weihnachtsgeschichte an einem ganz anderen Punkt an. Für manche unter uns beginnt sie in der eigenen Kindheit. Sie verbindet sich mit Erinnerungen an den Weihnachtsbaum und an die Eltern, die damals - unter dem Baum - von Maria und Joseph erzählten und dem kleinen Jesuskind. Für andere wiederum scheint sie noch weiter zurückzureichen. Sie können gar nicht mehr sagen, wo und wann sie diese zum ersten Mal gehört haben. Für sie ist es so, als gäbe es diese Geschichte in ihrem Leben schon immer, als wäre sie ohne Anfang und Ende. Andere dagegen können ganz genau sagen, wo für sie ihre ganz eigene Weihnachtsgeschichte angefangen hat. Da war ein Gottesdienst, den sie nach langen Jahren mal wieder besuchten, und seitdem waren diese Worte wie in ihr Herz gelegt, seitdem lebt sie in ihnen weiter. Viele verschiedene Anfänge. Und jede und jeder von uns hat einen eigenen Anfang, einen anderen Punkt im Leben, an dem die Weihnachtsgeschichte für sie oder ihn beginnt.

So unterschiedlich ist es aber nicht erst seit heute, so unterschiedlich fing auch schon damals die Weihnachtsgeschichte selber an. Schließlich waren ja auch damals ganz verschiedene Menschen an dieser Geschichte selber beteiligt. Da waren nicht nur Maria und Joseph, da gab es auch noch den König Herodes, der den kleinen Jesus umbringen wollte, da gab es den Wirt, der keinen Platz mehr in seiner Herberge hatte, und da gab es die Hirten auf den Feldern von Bethlehem, die dort, mitten in der Nacht, ihre Herden hüteten. Jeder und jede von ihnen hat die Weihnachtsgeschichte anders erlebt. Für alle fing sie an einem anderen Punkt an.

Zum Beispiel für die Hirten. Für sie begann alles in der Nacht, die kalt war, dunkel, voller Gefahren. Da ist es gut, wenn man nicht allein ist, sondern zusammensitzt und gemeinsam der Kälte und Dunkelheit trotzt. Wie alles anfing? Keiner konnte es hinterher noch genau sagen. Vielleicht mit einem Knurren der Hunde, die irgend etwas Ungewöhnliches spürten. Vielleicht mit dem erstaunten Ausruf eines Hirten, der etwas wahrnahm, ein plötzliches Leuchten und Glänzen, ein Licht - mitten in der Nacht. Die Menschen damals kannten ja nur das Licht ihrer Öllampen oder ihrer Fackeln, das reichte gerade aus, den Weg zu finden. Dann gab es noch das Licht der Sterne und des Mondes, oft die einzige Hilfe in der Nacht, wenn ein Schaf oder eine Ziege sich losgerissen hatte und aus dem Lichtkreis des Feuers verschwunden war. So war dieses Licht, das die Hirten dort sahen, etwas ganz Besonderes, denn es war groß und hell. Und sie erschraken sehr, denn sie wußten nicht, was es bedeuten sollte.

Da hörten sie eine Stimme, mitten aus dem Licht, und sie sahen eine Gestalt: *Fürchtet euch nicht! Denn siehe ich verkündige euch große Freude, die allem Volk widerfahren ist. Denn euch ist heute der Heiland geboren, welcher ist Christus, der HERR, in der Stadt Davids.* So fing für die Hirten die Weihnachtsgeschichte an. Mit einem großen Schrekken. Mit einem Licht und einer Stimme, die ihnen Mut zusprach, so daß sie sich aufmachten, alle miteinander, und gemeinsam zum Stall gingen, zu Maria, Joseph und dem Jesuskind. Und so waren die Hirten die ersten, die dort ankamen, um die Geburt des Heilands zu feiern. Ja, so fing die Weihnachtsgeschichte für die Hirten an.

Aber das ist nur ein Anfang unter vielen. Andere hatten einen anderen Anfang. Da waren z.B. jene gelehrten Männer, Wissenschaftler, die in einem fernen Land lebten. Sie erforschten Himmel und Erde, und sie machten dabei eine seltsame Entdeckung. Sie hatten einen neuen Stern entdeckt, einen Stern, den sie zuvor noch nie gesehen hatten. Nach ihrem Wissen kündigte ein solcher Stern die Geburt eines neuen Herrschers an, der die ganze Welt regieren sollte, so wie sein Stern über den ganzen Himmel zog. Die Gelehrten waren neugierig geworden, und diese Neugierde ließ ihnen keine Ruhe. Sie rüsteten eine Expedition aus, um bei der Geburt des neuen Königs dabeizusein. So brachen sie auf. Welche Wege würden sie gehen, neue, vielleicht auch gefährliche Wege, was würde das für ein neuer König sein, der sie am Ziel erwartet? Auch so kann die Weihnachtsgeschichte beginnen: Mitten bei der Arbeit, im wissenschaftlichen Betrieb, beim Nachdenken. Viele Wege führen zum Stall in Bethlehem, und manch einer ist dort angekommen, von dem man es nie vermutet hätte.

Doch manchmal ist der Weg dorthin nicht leicht. Viele Monate waren sie unterwegs, immer dem Stern folgend, bis sie schließlich Jerusalem erreichten. Herodes, der König, gewährte ihnen Audienz, aber es entging ihnen nicht, wie dieser seine Überraschung und sein Unverständnis nur mühsam zu überspielen vermochte. Vor allem aber seine Angst. Denn ein neuer König konnte seinen Thron ins Wanken bringen! Herodes jedoch war klug genug, sich nach außen freundlich und hilfsbereit zu geben. Vielleicht führen die Fremden ihn auf die richtige Spur, und er könnte den neugeborenen König ausschalten! Die Gelehrten, die nur ihre Forschung im Auge hatten, waren auf einmal in eine tödliche Rivalität geraten. Auch Gelehrsamkeit, auch Ansehen und Reichtum schützen nicht vor gefährlichen Umwegen.

So trafen sie zusammen im Stall, die gelehrten und reichen Männer aus dem Morgenland einerseits, die armen Hirten andererseits. Zwei Welten begegneten sich: Arme und Reiche, Einheimische und Fremde. Und doch verstanden sie sich dort im Stall, bei der Krippe. Weder störte die einen der Geruch von Schaf und Hund noch die anderen der Anblick feiner Gewänder. Verschiedene Länder und Sprachen, verschiedene Berufe und Lebenserfahrungen, und doch: Friede, schalom, salam. Ein Friede, wie die Menschen ihn schon immer gesucht und erträumt hatten. Dort, bei dem Kind, wurde der Friede Wirklichkeit. Ein Friede, der die Unterschiede nicht wegzaubert, der aber auch nicht trennt, sondern eint. Manchmal kann man so etwas gar nicht glauben: Da ist soviel an Fremdheit, Vorurteilen, oft auch Haß zwischen den Menschen, wie kann da Frieden entstehen oder gar wachsen! Und doch erzählt gerade davon die Weihnachtsgeschichte, daß ein solcher Friede möglich ist, auch nach so vielen Mühen und Strapazen, auch nach einem so langen Weg durch die Dunkelheit der Nacht. Sie erzählt davon, daß der Weg zum Frieden für jeden anders aussieht, daß aber dort, am Ende des Weges, bei Gott Friede zu finden ist, dort beim Kind im Stall, dem Heiland der Welt.

Wo fängt für Sie die Weihnachtsgeschichte an? Nachts, wenn Sie aufwachen und nicht mehr schlafen können und auch das Schafezählen nichts mehr nützt und Sie dann von den Schafen zu den Hirten kommen, aber doch irgendwann, mitten in der Nacht, beim Kind im Stall angelangt sind? Oder mitten in der Arbeit, wenn die Gedanken plötzlich zu wandern beginnen, und Sie, vor lauter Unruhe, keinen klaren Gedanken zu fassen imstande sind, aber Ihr Herz, welch Wunder, dann doch Ruhe findet im Frieden der Weihnacht?

Viele Anfänge sind möglich. Immer wieder, und ich hoffe, daß die Weihnachtsgeschichte immer wieder neu mit uns anfängt. Daß sie uns begleitet auf unseren unterschiedlichen Lebenswegen und zu dem einen Ziel führt, zu dem Frieden, der nur bei Gott zu finden ist. Amen.

Wolfgang Weber

Fliehen - aber wohin?

Immer wieder schreckte Joseph hoch. Neben sich hörte er den ruhigen Atem Marias. Auch das Kind schlief fest. Joseph hatte einen Traum, nicht das erste Mal. Es war immer dieselbe Stimme, die zu ihm sprach: *Steh auf, nimm das kleine Kind und deine Frau und flieh* (Math. 2,13). Joseph dachte an Herodes. Er war - wie alle Diktatoren - bekannt wegen seiner Unberechenbarkeit und Brutalität. Seiner Geheimpolizei war der Besuch jener drei Gelehrten aus dem Osten nicht verborgen geblieben. Joseph wußte, daß es nur eine Frage der Zeit sei, bis sie mit Hausdurchsuchungen, willkürlichen Verhaftungen und Folter beginnen würden.

Es war ihm klar. Er konnte hier mit Maria und dem kleinen Kind nicht bleiben. Er mußte fliehen - aber wohin? Vielleicht nach Ägypten? Er hatte von diesem Land viel Gutes gehört. Nicht nur, daß es sich um eine altehrwürdige Kultur handle, sondern vor allem, daß es dort einen Rechtsstaat gebe, der in der Welt seinesgleichen suche. Dort, so hatte er gehört, herrsche Religionsfreiheit. Dort gebe es ein Gesetz, das jedem Flüchtling Asyl gewähre, wenn er in Not sei. Außerdem gehöre Ägypten zu den reichsten Ländern der Erde. *Da stand Joseph auf, nahm das Kind und seine Mutter und zog mit ihnen nach Ägypten* (Math. 2,14).

Viel mitnehmen konnten sie nicht, außer dem Allernötigsten, wie z.B. Kleidung und Proviant, dazu ein Umschlagtuch, worin ihr ganzes erspartes Geld eingenäht war. Aber vor allem nahmen sie viel Hoffnung mit. Die konnten sie auch gut gebrauchen. Es war eine mühselige Wanderung. Auf dem letzten Stück erbarmte sich ihrer eine Karawane. Und dann - endlich - kamen sie an die Grenze. Sie mußten sich bei der Registrierungsstelle melden. Es war eine große Anlage mit mehreren Blocks. Außerdem gab es ringsherum einen großen Eisenzaun. Das Ganze war früher wohl mal eine Kaserne gewesen, dachte Joseph.

Ein Mann in Uniform führte die Ankömmlinge in einen kleinen Raum. Hinter dem Tisch mit Bergen von Papier saßen zwei Männer, die sich nicht einmal die Mühe machten, aufzublicken. Joseph verstand kein Wort in der fremden Sprache. Nur das Wort „Herkunftsland" kam ihm sehr bekannt vor. Und da fingen Joseph und Maria an zu erzählen: Von der Flucht vor Herodes, von ihrer Angst vor der Verhaftung. Sie erzählten von Gefängnis, Folter, drohendem Tod. Nach einer Weile merkten sie, daß niemand richtig zuhörte. Dann kam die Dolmetscherin. Sie sagte zu Joseph: „Du mußt einen Asylantrag stellen, für Dich einen, für Deine Frau einen und für das Kind einen. Du mußt genau sagen, warum du geflohen bist. Am besten wäre es, wenn du auch den Namen des Polizeibeamten oder der Soldaten nennen könntest, die hinter Euch her waren. Hast Du schriftliche Belege, Aktenzeichen oder so?" Joseph war völlig verwirrt. War das alles ein Irrtum, ein böser Traum. War das jenes Land, von dem alle sagen, es hätte die freiheitlichste Verfassung der Welt? Das Land mit einer großen Kulturtradition?"

Inzwischen war Maria zum Umfallen müde. Das Kind schrie und ließ sich durch nichts beruhigen. Es hatte Hunger und die Windeln waren naß. Endlich kam ein Beamter und führte sie in eine Baracke. Dort wies er ihnen einen Raum zu, etwa 12 qm groß, aber es waren schon zwei Familien darin untergebracht. Und dann der Lageralltag! Joseph wollte arbeiten, aber die Beamten sagten, das sei verboten. Schlimmer war das Gerede der Menschen: „Was wollen diese Faulenzer bei uns? Die wollen doch nur absahnen! Das ist doch nur die typische Gefühlsduselei unserer Regierung. Man sollte ganz schnell unser Grundgesetz ändern, dann hätten wir Ruhe!"

Und dann das Essen. Es gab Gemeinschaftsverpflegung. Nach dem Gesetz des Mose aßen sie ja kein Schweinefleisch. Aber weil es billig war, war es immer im ägyptischen Eintopf mit drin. Schon bei dem Gedanken daran mußte Maria erbrechen. Lieber hungern, dachte sie. Für die kleinen Kinder war es besonders schlimm, wenn die Mütter keine Milch mehr hatten. Viele mußten sterben. Auch der kleine Jesus wurde sterbenskrank. Endlich erreichten sie bei der Lagerverwaltung, daß sie einen Brei kochen durften. Übrigens, zur Begründung dieser und ähnlicher Maßnahmen hieß es, die „unechten Asylanten" sollten abgeschreckt werden. Merkwürdig, dachte Maria, wenn die Einheimischen „Asylanten" sagen, dann klingt es so ähnlich wie „Querulanten" oder „Denunzianten". Außerdem, war es nicht Gotteslästerung, Menschen zum Gegenstand einer Abschreckung zu machen?

Noch ein Wort zum Lager. Es war total überbelegt. Eine Toilette für 25 Personen. Die Dusche war meistens kaputt. Im Speisesaal war höchstens zehn Minuten Zeit zum Essen. Dann kamen schon die

Nächsten dran. Es war alles ganz schrecklich. Hinzu kamen immer wieder Überfälle von jungen Gewalttätern. Eines Nachts überfielen sie das Lager mit Eisenstangen, brachen die Tür auf, schlugen auf die schlafenden Menschen ein und zündeten die Baracke an. Seitdem stellten die Lagerbewohner Wachen auf. Aber die Angst blieb.

Aber dann geschah etwas Wunderbares. Eines Tages kamen ägyptische Frauen zu Besuch. Sie beschenkten die Kinder im Lager mit Spielzeug, vereinbarten Termine mit dem Arzt, machten gemeinsame Spaziergänge, und die Kinder der Asylsuchenden und die Kinder der einheimischen Frauen schlossen Freundschaft miteinander. Maria, Joseph und die anderen Flüchtlinge wollten irgendwie ihre Dankbarkeit zum Ausdruck bringen, aber wie? Da kamen die ägyptischen Frauen auf eine Idee: Wie wäre es, wenn Ihr uns mal zeigen würdet, wie man bei Euch zu Hause kocht? Gesagt, getan. Es kam nicht nur zu einem Austausch von Kochrezepten, sondern auch zu einem schönen Fest. Männer und Frauen, Juden, Ägypter, Menschen der verschiedensten Nationalitäten setzten sich zusammen auf die Strohmatten. Ein weißes Tuch wurde in die Mitte gelegt, und dann wurde miteinander gegessen und getrunken, gelacht und getanzt, vor allem aber wurde viel gesungen. Zuerst sangen die Einheimischen ihre Lieder, dann die Fremden. Es waren wehmütige Lieder, voller Sehnsucht und Heimweh nach Galiläa, ihrer geliebten Heimat.

Die Wochen gingen ins Land. Warten und nochmals warten auf die Anerkennung als Asylbewerber. Endlich kam ein Beamter. Ja, sagte er, Joseph und seine Frau könnten bleiben, aber das minderjährige Kind sei bei seiner Rückkehr in die Heimat nicht gefährdet und könne deshalb auch keine Asylberechtigung erhalten. Joseph verstand die Welt nicht mehr. Er und Maria waren „anerkannt", aber ihr kleines Kind nicht?

Tage des Wartens und Bittens gingen ins Land. Da hörten Joseph und Maria, daß Herodes gestorben sei. Doch sie blieben mißtrauisch. Da erschien wieder der Engel des HERRN dem Joseph und sprach: *Steh auf, nimm das kleine Kind und Maria und ziehe in das Land Israel* (Math. 2,19). Schon einige Tage später machten sie sich auf den Weg, zurück in die Heimat nach Galiläa, ohne großes Reisegepäck, aber leichten Herzens.

Waldemar Pisarski

Willkommen an der Krippe

Es geschah einen Tag vor Heiligabend. Junge Leute hatten ein Krippenspiel geschrieben. Alle Rollen waren verteilt, nur die Heiligen Drei Könige hatten sie in dem Spiel nicht vorgesehen. Am Morgen des Heiligen Abends vernahmen sie nun überall ein großes Bedauern, ja, eine gewisse Enttäuschung darüber, daß gerade die Drei Könige dieses Jahr nicht mitspielen würden. Was tun? Einer der jungen Leute hatte die rettende Idee: Sie würden sich ans Telephon setzen und Bekannte anrufen, die genug Mut hätten, einzuspringen. Weil in der Kürze der Zeit Rollen weder geschrieben noch gar auswendig gelernt werden konnten, sollte jeder etwas für das Jesuskind mitbringen und frisch von der Leber weg sagen, warum sie gerade dieses Geschenk mitbrächten.

Der erste König war ein Mann, Mitte 40, Vater von drei Kindern, Angestellter bei der Stadtverwaltung. Er brachte eine Krücke mit, legte sie vor die Krippe und sagte: „Ich hatte vor ein paar Jahren einen schweren Autounfall, Frontalzusammenstoß. Mehrere Monate lag ich im Krankenhaus. Wenn ich die Ärzte fragte, ob ich jemals wieder gehen könne, machten sie ein bedenkliches Gesicht. Diese Wochen und Monate haben mich verändert. Ich bin dankbarer geworden für jeden Tag, an dem ich wieder ein paar Schritte mehr gehen konnte! Und fröhlicher! Mit dieser Krücke will ich meinen Dank sagen für die veränderte Sicht meines Lebens."

Der zweite König war eine Königin. Sie brachte eine Windel mit und sagte: „In meinem Beruf als Graphikerin hatte ich sehr viel Freude und Bestätigung gefunden. Nach der Heirat, aber vor allem nach der Geburt der beiden Kinder fiel ich in ein dunkles Loch. Die Decke fiel mir auf den Kopf. Nach und nach begriff ich, daß Selbstmitleid nicht weiterhilft. Also gründete ich eine Spielgruppe und engagierte mich in der Nachbarschaftshilfe. So fand ich einen neuen Sinn. Mit dieser Windel möchte ich 'ja' sagen zu meiner scheinbar kleinen Welt. Ich habe entdeckt, daß sie viel größer ist, als ich geglaubt hatte."

Der dritte König war ein junger Mann. Er brachte ein leeres Blatt mit. Er legte es in die Krippe hinein und sagte. „Ich habe lange mit mir gerungen, ob ich überhaupt kommen soll. Äußerlich gesehen fehlt mir nichts. Ich verdiene nicht schlecht, an meiner Arbeitsstelle fühle ich mich wohl, und ich glaube, die Arbeitskollegen finden mich auch ganz sympathisch, und doch ist mein Herz voller Verlangen nach Glück und nach Erfüllung. Wie gesagt, nach außen lasse ich mir nichts anmerken, aber innen drin, da ist die große Unruhe, da kommen mir Fragen und Zweifel, ob mein Leben gelingen wird. Meine Hände sind leer, aber mein Herz ist offen. So lege ich denn dieses leere Blatt in die Krippe."

Vielleicht können Sie diese Geschichte weiterspinnen? Was würden Sie dem Kind schenken? Vielleicht Ihre Angst vor der Zukunft oder Ihre Krankheit oder Ihre Enttäuschung über eine zerbrochene Freundschaft oder ganz einfach Ihre Tränen: „Nimm hin, ich habe überreichlich davon. Mach Du etwas Gutes daraus." Jeder geht seinen, jede geht ihren eigenen Weg zur Krippe. Ein Richtig oder Falsch gibt es nicht. An der Krippe sind alle willkommen, so, wie wir sind. Mit unserer Dankbarkeit nach einer schweren Krankheit, mit einem neuen Selbstbewußtsein nach einem tiefen Loch, mit unserer Sehnsucht nach einem erfüllten Leben. Mit einem leeren Bogen Papier. Mit unseren Schmerzen. Mit unseren Tränen. Mit unserer Angst. Und das Kind? Was kann es tun? Es schaut uns an und sagt nur das eine: Sei willkommen.

Hansfrieder Zumkehr

Mit den Hirten gehen

Wer ohne Fernsehen Fernes nah sehen will, muß sich auf den Weg machen, muß seine Beine benutzen, eben das tun, was in fernsehlosen Zeiten gesungen wurde: *Mit den Hirten will ich gehen, meinen Heiland zu besehen.* Davon abgesehen: Gottes Weihnachtsprogramm ist kein Fernsehprogramm. Es wird aus der Nähe betrachtet, darum laßt uns mit den Hirten *gehen und die Geschichte sehen, die da geschehen ist.*

Mit den Hirten sind unzählige nach Bethlehem gepilgert. Unzählige machten sich auf, darunter solche, die zählten, aber noch viel mehr die vielen, die nicht zählten. Die ersten waren die Hirten, bald darauf die Weisen aus dem Morgenland, mit Gold, Weihrauch und Myrrhe im Gepäck, im Laufe der Jahrhunderte Ströme von Pilgern, ein Kaiser war auch dabei, jener Konstantin zum Beispiel, der die Geburtskirche in Bethlehem errichten ließ. Wie viele haben sich auf den Weg nach Bethlehem gemacht, in Wirklichkeit oder in Gedanken: Kreuzritter und Kreuzfahrer, Martin Luther und der Papst, Weihnachtsgestimmte und Weihnachtsverstimmte, sie gingen zu Fuß, ritten auf einem Pferd, fuhren mit dem Bus, flogen mit dem Flugzeug. Wollten die Geschichte sehen, die da geschehen ist.

Mit den Hirten gehen. Wer will da zurückbleiben? *Sie kamen eilend,* sie konnten nicht schnell genug dort sein, schießlich ging es - ja, worum ging es denn eigentlich? Nur um ein Kind? Mögen die Hirten noch so ungebildet, noch so rauh und vielleicht auch unzivilisiert gewesen sein, aber töricht waren sie bestimmt nicht! Wegen eines Kindes Schafe und Hürden, ihren einzig zählbaren Lebensunterhalt, aufzugeben! Maria und Joseph, dazu das Kind in der Krippe liegen sehen, mehr nicht? Eine schöne Bescherung wäre das gewesen.

Ochs und Esel fehlen noch. Sie sind zwar auch unterwegs, vom Alten Testament ins Neue, vom Propheten Jesaja in den Stall. Aber das dauert noch ein Weilchen, bei der Geschwindigkeit, die sie vorlegen. Es wird auch noch eine Zeit verstreichen, bis dem holden Knaben das lockige Haar gewachsen ist. Eine schöne Geschichte! Zu schön, um wahr zu sein? Nein, zu wahr, um schön zu sein. Sie wird erst später schön. So schön, wie sie wahr ist. Nur, vorläufig gibt es nichts weiter zu sehen als *Maria und Joseph, dazu das Kind in der Krippe liegen.*

Ich habe einmal mit dieser Geschichte bei meinen Fünft-Klässlern regelrecht Empörung ausgelöst. Wir gingen so eine Art weihnachtlicher Checkliste durch: Was kommt in der Weihnachtsgeschichte vor, was nicht. Also, Bethlehem? Ja! - Lametta? Nein! - Heu und Stroh? Ja! - Ich schüttle den Kopf. Doch, sagen sie, das steht drin! - Wartet ab, bis ich euch die Geschichte vorlese. Weiter: Ochs und Esel? Ja! - Nein, antworte ich, die kommen nicht vor. Darauf lautstarker Protest der Kinder: Dann ist das nicht die richtige Weihnachtsgeschichte! Ich lese aus dem Lukas-Evangelium vor. Daraufhin sind sie ganz aufgebracht: Das ist nicht die richtige Geschichte!

War es ein Fehler, mit den Hirten zu gehen? Sind wir im falschen Film gelandet? Hätten wir uns doch an die wundersamen Weihnachtslegenden halten, hätten wir uns lieber auf dem Weg nach Bethlehem der idyllischen Hirtenmusik anvertrauen sollen statt den Hirten? Nein, es war kein Fehler, mit den Hirten zu gehen. Wir waren gut beraten, als wir dem alten Lied folgten: *Mit den Hirten will ich gehen, meinen Heiland zu besehen.* Denn so erfahren wir, wie die wahre Geschichte schön wird.

Als sie aber das Kind gesehen hatten, breiteten die Hirten das Wort aus, das zu ihnen von diesem Kinde gesagt war: Wer mit den Hirten geht, kriegt nicht nur ein Kind zu sehen, sondern auch ein Wort, eine Botschaft zu hören. Wer mit den Hirten geht, erfährt die gute Nachricht aus erster Hand. Das eine nicht ohne das andere, beides so miteinander verwoben, daß man nicht sagen kann, wo das eine anfängt und das andere aufhört, oder das eine aufhört und das andere anfängt.

Mit den Hirten gehen, wir sehen das Kind, schauen in den geöffneten Himmel und hören zugleich die gute, neue Mär: *Fürchtet euch nicht! Siehe ich verkündige euch große Freude* ... Mit den Hirten gehen, wir gehen mit ihnen und sind - mitsamt unserer Lebensgeschichte - mittendrin in der Weihnachtsgeschichte! Hören und sehen, gehen, sagen und singen. Die Weihnachtsgeschichte bringt uns in Bewegung. Unsere Ohren bekommen einen Mund und Hände und Füße dazu: *Sie priesen und lobten Gott.* Nicht die schlechteste Weihnachtsbeschäftigung! Auf jeden Fall: Wer mit den Hirten geht, wird selber angesteckt von einer Freude, die auch 2000 Jahre danach noch Purzelbäume schlägt.

Was ist eigentlich mit den Schafen, hat ein Kind gefragt. Antwort: Wer nicht mit den Hirten geht, ist ein Schaf. Aber selbst Schafe haben ihren Platz in der Weihnachtsgeschichte. Das ist tröstlich für alle, die dieses Mal noch nicht mit den Hirten mitgehen. Auch die Schafe haben das Entscheidende mitbekommen: *Ehre sei Gott in der Höhe und Friede auf Erden.* Frieden auf Erden - wenn das stimmt, dann sind auch die Schafe in den Frieden Gottes mit der Erde, der ganzen Erde, mit hineingenommen, denn die *Klarheit des Herrn* hat auch sie *umleuchtet.* Wer nicht mit den Hirten geht, ist ein Schaf. An Weihnachten ist das keine Beleidigung, sondern Grund zur Freude, wie es das alte Weihnachtslied denn auch besingt:

Friede und Freud
wird uns verkündiget heut;
freuet euch, Hirten und Herden!

Klaus Nagorni

Begegnung

Von nassen Ästen
Tropft Finsternis
Schwarze Perlen
Fallen lautlos
Ins Bodenlose

Hinter dem Straßengraben
Kauern niedrige Häuser
Verängstigte Kinder
Die Herzen gefroren
Aus dunklem Glas

Aber der Engel schreitet
Auf endlosem Weg
Streut er sein Licht
Sternenregen
Vor Türen und Fenster

Bitte den Engel herein
Gib ihm zu essen
Brot und Wein vielleicht
Schenke ihm voll ein
Aber nötige ihn nicht
Zu bleiben

Er läßt dir sein Licht
Ein kleines nur
In der großen Nacht
Aber die schwarzen Perlen
Funkeln und glitzern schon
Wie Milchstraßen

Monika Zeilfelder-Löffler
Michael Löffler

Ein Zimtsternchen erzählt

„Stellt euch vor, wen ich gestern in der Keksdose getroffen habe", fragte das Zimtsternchen, das gerade auf dem Weihnachtsteller Platz genommen hatte. Mit funkelnden Augen sah es erwartungsvoll in die Runde. Die Walnüsse wandten sich gelangweilt ab. Der Schokoladenweihnachtsmann warf heimliche Blicke auf die silberne Weihnachtskugel, die an einem Ast direkt über dem Weihnachtsteller hing, und winkte dabei verstohlen seinem Spiegelbild zu. Wie prächtig er doch mit seinem roten Mantel aus Staniolpapier auf der Kugel zur Geltung kam! Der Apfel, dessen Backen ohnehin schon dunkelrot waren, errötete sichtlich. Die dunkelbraunen Lebkuchen räusperten sich verlegen, weil ihnen diese Frage ganz und gar nicht zum feierlichen Anlaß des heutigen Weihnachtsabends zu passen schien. Die Orange schwieg und strahlte in ihrem Orange vor sich hin. Nur die Marzipankugeln tuschelten leise untereinander: „Was der Herr Zimtstern sich wohl einbildet. Wen will der schon Interessantes getroffen haben!"

„Dachte ich es mir doch, daß niemand darauf kommt", frohlockte das Zimtsternchen. „Also, ich will euch nicht länger auf die Folter spannen. Gestern in der Keksdose traf ich den Spekulatius!" „Good old Speki?" fragte der Schokoladenweihnachtsmann ungläubig, „aber der müßte doch schon längst mit seinem Bruder Nikolaus auf Heimaturlaub an der türkischen Riviera sein. Erst gestern hat mich Nik aus Myra angerufen. Dort ist nicht so ein lausiges Wetter wie hier." „Also, ich weiß wirklich nicht, was an einem Zusammentreffen mit dem alten, vertrockneten Spekulatius so interessant sein soll", mokierte sich eine der Marzipankugeln. „Doktor Spekulatius, wenn ich bitten darf. Für Madame Pomme de Terre aus Mandel-Zuckerbrei immer noch Doktor Spekulatius", korrigierte der Lebkuchen nicht ohne polemischen Unterton. „Also, das ist doch die Höhe", fuhr die Marzipankugel herum und stemmte drohend ihre Arme in die ansonsten nur schwer erkennbare Taille. „Ich zeig' dir gleich, wie Madame Pomme de Terre aus einem langweiligen fränkischen Teigfladen Pommes Frittes macht!" „Aber, aber, meine Herrschaften, doucement. Immerhin ist doch heute Weihnachten", ging die Walnuß beschwichtigend dazwischen. Sie legte ihre Stirn in Falten und warf einen strengen Blick nach allen Seiten, war sie doch für ihre unnachgiebige Haltung bekannt, wenn es um Harmonie und feierliche Atmosphäre ging. „Zimtsternchen, fahre fort, mich interessiert, was Dr. Spekulatius erzählt hat." „Mich auch!" traute sich der Apfel zu sagen und errötete noch mehr. Nur die Orange schien das alles nicht zu berühren, denn sie lächelte still und orange vor sich hin.

„Also gut", sagte das Zimtsternchen, „aber nur, wenn ihr mich nicht dauernd unterbrecht!" „Okay", näselte der Schokoladenweihnachtsmann und schob den Kaugummi von einer Backe in die andere. „Also", begann das Zimtsternchen, „der alte Spekulatius hat mir erzählt, daß er den Christstollen getroffen hat. Und der Christstollen hat behauptet, daß er dem Christkind von allem Weihnachtsgebäck das liebste ist!" „Wie bitte? Von allem was?" fragte der dunkelbraune Lebkuchen, der schon etwas schwerhörig war. „Von allem Weihnachtsgebäck ist dem Christkind der Christstollen das liebste", wiederholte das Zimtsternchen geduldig. „Ach, das ist mir aber neu", meinte der Lebkuchen ziemlich verwundert, „ich dachte immer, daß gerade wir Lebkuchen beim Christkind in besonderem Ansehen stehen. Schließlich reicht unser Familienstammbaum viele Generationen zurück bis ins frühe Mittelalter. Bereits die Nonnen und Mönche des Mittelalters erfreuten vor allem Arme und Kranke in der Weihnachtszeit mit dem sogenannten libum ..." „Fladen!" unterbrach ihn die Marzipankugel schroff, „wir kennen die Geschichte, verschone uns mit weiteren Einzelheiten."

„Aber wieso mag das Christkind ausgerechnet die bröseligen Christstollen am liebsten?" fragte die Walnuß nachdenklich. „Bestimmt wegen dem weißen Puderzucker, der so schön aussieht wie frischer Schnee am Weihnachtsabend", gab der Apfel zu bedenken und platzte fast vor Aufregung. Während das Gespräch hin und her ging, schüttelte das Zimtsternchen vor Freude darüber, daß niemand die richtige Antwort wußte, heftig den Kopf: „Nein, nicht wegen des Puderzuckers, sondern ...", und jetzt sprach es immer leiser, um die Spannung noch zu erhöhen, „...weil der Christstollen das Christkind als einziger berühren darf." Staunen überall. Die Marzipankugel fand am schnellsten die Sprache wieder: „Der Christstollen berührt das Christkind? Daß ich nicht lache!" Aber das Zimtsternchen ließ sich nicht beirren: „Natürlich berührt der Christstollen das Christkind nicht wirklich, aber...", fügte es geheimnisvoll hinzu, „...so wie das Christkind im Stall in der Krippe in Windeln gewickelt lag, so ist auch der Christstollen ein übereinander geschlagenes Tuch aus Teig, in den das Christkind eingewickelt ist. Und deshalb mag das Christkind den Christstollen am liebsten, weil er es einst als warmes weiches Tuch in der Krippe gewärmt hat."

Nun standen sie alle mit offenen Mündern und staunenden Augen um das Zimtsternchen herum. „Das Christkind hat eben schon immer einen Blick für das Wesentliche gehabt", begann der Lebkuchen. Der Apfel konnte seine Rührung kaum verbergen. „Ach, ist das lieb", hauchte er. „Ich könnte auf der Stelle losheulen, so schön ist das Bild vom in Windeln gewickelten Christkind", schluchzte die Marzipankugel. Auch der Schokoladenweihnachtsmann kämpfte vor Rührung mit den Tränen, die er sich heimlich an der Innenseite seines Purpurärmels von der Wange tupfte.

„Gut, gut, der Christstollen also", versuchte die Walnuß sachlich festzustellen. Doch da sich niemand auf dem ganzen Weihnachtsteller aus der feierlichen Stimmung bringen lassen wollte, wandte sich die Walnuß kurzerhand an die strahlende Orange: „Und du, was meinst du zu dem Ganzen? Ein bißchen viel Theater um einen süßlich-kitschigen Christstollen, nicht wahr?" „Süßlich, kitschig?" entgegnete die Orange und hörte dabei nicht auf zu strahlen. „Nein, schließlich bin ich es doch, die dem Christstollen - in meiner vollendetsten Form - als kandiertes Orangeat erst den richtigen Duft und den richtigen Geschmack gibt. Nicht umsonst werde ich auch 'süße Pomeranze' genannt. Ich bin es, die das Christkind mit süßem Hauch in den Schlaf küßt!" Als die Orange, die sonst nie etwas sagte, ihren Satz beendet hatte, versanken alle auf dem Weihnachtsteller in ein feierliches Schweigen. Ein sanfter Hauch strich durch den Weihnachtsbaum, so daß die roten Kerzen kaum merklich flackerten.

Helena Philipová

Ein Engel war's

Er stand an einer Mauernische der Glasperlenstraße. „Er sieht aus wie ein Engel", sagten die Leute, wenn sie vorübergingen. Doch was heißt hier, er sieht aus wie - er war ein Engel! Ein Künstler hatte ihn irgendwann aus Holz geschnitzt, und der Engel sah fast wie lebendig aus.

Eines Tages spürte der Engel, der fast wie lebendig aussah, den Duft warmer Würstchen, und als er sah, wie die Leute die Würstchen kauften, dachte er: Ein Mensch müßte man sein, das wäre schön! - Er stellte sich vor, wie er dann sagen würde: „Ein paar Würstchen, bitte, aber schön heiß und mit viel Senf!"

Doch Würstchen muß man bezahlen, und Engel haben kein Geld.

Dann kam dem Engel die Idee, sich etwas Geld zu verdienen, und er begann, sich nach Arbeit umzusehen. Nur - seht euch mal nach Arbeit um und habt Flügel!

„Versuchen Sie es auf dem Flughafen", riet man ihm. Er versuchte es.

„Ich würde bei Ihnen gern als Verkehrsmaschine anfangen", schrieb er in seinem Gesuch. „Flügel habe ich. Foto liegt bei."

„Die Flügel stehen Ihnen gut", schrieb man zurück, „aber Flügel allein reichen nicht aus. Sie müßten noch viele andere Bestandteile haben, zum Beispiel eine Tür."

Ein Auto kann eine Tür haben oder ein Kühlschrank, aber ein Engel - nie. Also wurde nichts aus der Verkehrsmaschine.

Eine Weile ließ er den Kopf hängen, und dann versuchte er es bei der Post. Aber auch hier war man von den Flügeln nicht begeistert. „Mitarbeiter, die ihre Transportmittel auf dem Rücken haben, sind bei uns nicht üblich", antwortete man ihm. „Außerdem könnte es sein, daß Sie wegen Ihrer Flügel mehr Geld verlangen, als ein Mitarbeiter ohne Flügel verdient, und dadurch würden uns nur Unannehmlichkeiten entstehen. Wir haben für Sie keine Stelle , tut uns leid."

Als der Engel den Brief gelesen hatte, war er eine Zeitlang traurig, aber dann machte er sich Mut und ging selbst auf das Postamt.

„Lassen Sie mich hier“, bat er. „Seien Sie nicht so! Geben Sie mir einfach eine Arbeit, die niemand tun will. Was, wenn Sie mich als Taube anstellen?“

„Sie würden nicht in den Taubenschlag passen. Und nun stören Sie nicht bei der Arbeit!“

Der Engel hockte sich im Postamt auf den Boden. „Sie kriegen mich nicht weg von hier!“ rief er. „Und überhaupt, ich will gar nicht heilig sein, ich will warme Würstchen essen und so.“

Warme Würstchen will er, der arme Kerl, dachte Herr Muckl, der seit Jahr und Tag auf der Post Dienst tat, und sagte sich: Er will sich sein Brot verdienen, und das ist jedermanns gutes Recht!

Herr Muckl stieg eine Treppe höher zum Direktor des Postamtes, bei dem er stets anklopfen durfte, denn über die vielen Jahre hatte er sich einiges Vertrauen erworben, und auf seine Fürsprache hin wurde der Engel für drei Monate probeweise bei der Post angestellt.

Ob sie ihn behalten haben?

Ich denke schon. Mir bringt nämlich jetzt ein Briefträger die Post, von dem jeder sagt, er sei ein wahrer Engel. Er ist zuvorkommend und macht nie ein finsteres Gesicht. Im Gegenteil, auch wenn seine Tasche noch so voll ist - er lächelt.

Und unlängst habe ich mit eigenen Augen gesehen, wie er sich an der Ecke ein Paar Würstchen gekauft hat. Wißt ihr, was er zu dem Würstchenverkäufer sagte? „Aber schön heiß und mit viel Senf!“

Also ist die Sache klar.

Erich Esslinger

Sieben weihnachtliche Segenswünsche zum Ausgang

Wie der Stern
über dem Stall von Bethlehem stehenblieb,
so möge Gott sein Licht
auch über deinem Leben leuchten lassen.

Wie die Engel
den Frieden auf Erden verkündeten,
so möge Gottes Frieden
auch dein Haus und dein Herz erfassen.

Wie die Tür
im Stall von Bethlehem allen offenstand,
so möge auch Christus
dir die Tür zum Leben sein.

Wie Ochs und Esel
die Krippe ihres Herrn kannten,
so mögest auch du erkennen,
daß Gott es gut mit dir meint.

Wie Maria
alle Worte in ihrem Herzen bewegte,
so mögest auch du dich
von Gottes Wort bewegen lassen.

Wie Joseph
für Maria und das Kind sorgte,
so mögest auch du dich der Menschen annehmen,
die Gott dir anvertraut hat.

Wie das Kind
von Maria und Joseph zugleich Gottes Kind war,
so mögest auch du immer
Gottes Kind sein und - bleiben

Autorinnen und Autoren

Arnold, Brigitte, Prälatin der Badischen Landeskirche (Südbaden), Freiburg
Atsma, Rudolf, Gemeindepfarrer in Wilhelmsfeld b. Heidelberg
Behle, Elisabeth, Pfarrerin im Schuldienst, Heidelberg
Bauer Dr., Steffen, Gemeindepfarrer in Mannheim-Vogelstang
Bornkamm, Hans, Pfarrer, Dekan in Lahr
Bornkamm Prof. Dr., Heinrich (1901-1977), Ordinarius für Kirchengeschichte an der Universität Heidelberg (Die Rundfunk betrachtung stammt aus dem Jahr 1958, 'Einkehr', Erstveröffentlichung bei Vandenhoeck und Ruprecht, Göttingen)
Brusche, Evelyn, Gemeindepfarrerin in Kembach und Dietenhan/ Wertheim
Carl, Hans-Ulrich, Gemeindepfarrer in Baden-Baden (Luthergemeinde)
Deichl, Michaela, Gemeindepfarrerin in Stutensee-Blankenloch (Michaelisgemeinde)
Elwert, Erich, Gemeindepfarrer in Herbolzheim-Emmendingen
Engelsberger, Gerhard, Gemeindepfarrer in Wiesloch (Christusgemeinde), Autor, Komponist, Sprecher kirchlicher Sendungen in verschiedenen Rundfunkanstalten, Schriftleiter der 'Pastoralblätter'
Eßlinger, Erich, Pfarrer, Schuldekan in Heidelberg
Friederich-Knobloch, Sonja, Klinikpfarrerin in Heidelberg (Orthopädische Klinik)
Held, Hans-Peter, Pfarrer, Studienleiter der Begegnungsstätte Hohenwart(Pforzheim)
Herbstrith, Waltraud, Kloster Edith-Stein-Karmel, Tübingen
Janson, Bettina von, Pfarrerin im Schuldienst, Pforzheim
Jeub, Manfred, Pfarrer im Schuldienst, Freiburg
Kegler Dr., Jürgen, Pfarrer, Dekan in Mosbach
Körner, Udo, Pfarrer, künstlerisch und schriftstellerisch tätig, Heidelberg
Kühlewein Dr., Johannes, Pfarrer, Dekan in Heidelberg
Lauer, Jürgen, Pfarrer, Studienleiter des Friedrich-Hauß-Studienzentrums (Schriesheim)

Laura, Schülerin, 12 Jahre, Heidelberg
Löffler, Michael, Gemeindepfarrer in Leimen
Löffler Dr., Ulrich, Pfarrer im Schuldienst, Heidelberg
Lurk-Neumeier, Ute, Gemeindepfarrerin in Mannheim (Johanniskirche-Süd)
Michel, Gerhild, Lehrerin, Lyrikerin, Heidelberg
Mohr, Josef, Gemeindepfarrer von St. Raphael, Heidelberg
Nagorni, Klaus, Pfarrer, Direktor an der Ev. Akademie Baden, Karlsruhe
Pfisterer, Ruth, Krankenhauspfarrerin i.R., Heidelberg
Philippová, Helena, tschechische Schriftstellerin, Prag
Pisarski, Waldemar, Pfarrer, Leiter des Bildungszentrum 'Augustana-Forum', Augsburg
Rajcsányi, Alexander, Realschullehrer, kath. Schulbeauftragter, Autor (u.a.Lyrik), Sandhausen
Rupp Dr., Hartmut, Pfarrer, Studienleiter am Religionspädagogischen Institut Karlsruhe
Schächtele Dr., Traugott, Pfarrer und Dekan in Freiburg
Schmoll, Gerd, Prälat i.R., Freiburg
Schöni, Stefan, Pfarrvikar in Mosbach-Neckarelz
Schwarz, Jutta-Ute, Gemeindepfarrerin in Heidelberg (Handschuhsheim-Süd), davor Klinikpfarrerin der Kinderklinik Tübingen
Sophie, Schülerin, 8 Jahre, Heidelberg
Splinter Dr., Dieter, Gemeindepfarrer in Karlsruhe (Mittelstadtgemeinde), Stadtkirchenarbeit
Steinhilper Dr., Rolf, Pfarrer, langjähriger Rundfunkbeauftragter des SDR, Autor, Therapeut, Stuttgart
Sylla, Reinhold, Gemeindepfarrer in Sulzburg/Laufen
Wahl, Manfred, Pfarrer, Dekan in Offenburg
Wassmer, Paul, Gemeindepfarrer in Heidelberg (Rohrbach-West)
Weber, Wolfgang, Pfarrer, landeskirchlicher Beauftragter für Flüchtlingsfragen, Karlsruhe
Werner, Mechthild, Pfarrerin, freie Mitarbeiterin bei der ARD ('Wort zum Sonntag'), Landau
Zeilfelder-Löffler Dr., Monika, Pfarrvikarin in Heidelberg
Zumkehr, Hansfrieder, Pfarrer, Studienleiter des Theol. Studienhauses in Heidelberg

Quellennachweis

„Ein Engel war's“ von Helena Philippová. Ins Deutsche übertragen vo Reiner Kunze. In: R. Kunze, Das weiße Gedicht. Essays. © S. Fischer Verlag GmbH, Frankfurt am Main, 1989, S.132ff.

„Gottes Bild“ von Heinrich Bornkamm; aus: ders., Einkehr, Rundfunkbetrachtungen; erschienen bei Vandenhoeck und Ruprecht, 1958. Das Buch ist inzwischen vergriffen, die Rechte liegen bei den Erben. Der vorliegende Abdruck erfolgt mit der freundlichen Genehmigung von Hans und Karin Bornkamm.

Bildnachweis

Heike Lumpp, Neuer Zweig, © Heike Lumpp, Heidelberg.
E. J. Homolka, Engel, der Abdruck erfolgt mit der freundlichen Genehmigung vom 'Haus der Kirche' in Bad Herrenalb.
Johannes Kühlewein, Seitentür der Johanneskirche Heidelberg, © Johannes Kühlewein, Heidelberg.
Der lachende Engel, Krönungskirche in Reims, Westportal, Urheber unbekannt; für Hinweise ist der Verlag dankbar.
Der tanzende Engel, Basler Münster; aus 'Dem Geheimnis der Engel auf der Spur', Urheber unbekannt; für Hinweise ist der Verlag dankbar.
Ursula Kuhn, Hauptportal der Hagia Sophia in Nowgorod, © Ursula Kuhn, Heidelberg
Meinrad J. Lehmann, Die drei Weisen, © Meinrad J. Lehmann, Bad Peterstal.
Traum der Könige, Kathedrale von Autun in Burgund, Urheber unbekannt; für Hinweise ist der Verlag dankbar.
Brunhilde Just: Auf dem Weg zum Kind, © Brunhilde Just, Heidelberg